持続可能な
地域づくりと学校

地域創造型教師のために

宮前耕史・平岡俊一・安井智恵・添田祥史　編著

ぎょうせい

はじめに

　地方地域社会の過疎高齢化、とりわけ若年層の流出と、人口の都市一極集中がとどまるところを知らない。「消滅可能性自治体」「地方消滅」といった言葉の登場をまつまでもなく、地方地域社会、とりわけ「命の糧・食」を生み出す農山漁村の持続可能性の実現が喫緊の課題である。たとえば我が国最大の「食糧生産基地」北海道では2040年には約半数の市町村において人口が2010年の６割未満まで減少、さらに人口3,000人以下の市町村数が2040年には2010年の約３倍になると推測される（平成26（2014）年８月１日、第１回北海道の人口減少問題に関する有識者会議）。

　学校には、こうした状況の出現に加担し、加速させてきたという側面がある。「文字を教える、文字で教える、という教育方法を固有のあり方」としてもつ（「方法知」＜「内容知」）「地域の生活や労働から離れた特別の教育機関」としての学校は（「地域志向性」＜「自己完結性」）、もともと「地域の現実から遊離しがち」な存在であった。そしてそれが「中央に出ていく地方の人材を選抜する制度として（中略）機能したことで、学校は『地域を捨てる学力』をつけるという側面が強かった」（太田政男2010「地域づくりと学校づくり」長澤成次編『社会教育』学文社、佐藤晴雄2002『学校を変える地域が変わる―相互参画による学校・家庭・地域連携の進め方―』教育出版）。

　「地域に根ざした」教育・学校・教師とは、あまりに人口に膾炙した言葉である。しかし、従来半ば手放しに礼賛されてきた、そうした教育・学校・教師の「地域に根ざした」あり方には一度検討を加えてみる必要がある。そこに検討を加えていかない限り、学校

は、地方地域社会からの「人口流出装置」であり続けることになる。

　一方、都市部に目を向けてみても、地域の教育力の低下のみならず、経済格差に子どもの貧困、シャッター商店街に空き家問題、独居老人の孤独死や地域社会の高齢化、在日外国人の処遇など、ありとあらゆる領域に課題が山積している。もはや地方地域社会、農山漁村の「持続可能性の実現」にのみ課題があるわけではない。全国的な少子高齢化や人口減少が進む中、都市部も含めた「持続可能な地域づくり」が課題なのである。

　「持続可能な地域づくり」に向け、新たな「地域に根ざした」教育・学校・教師のあり方を模索していく必要がある。地域課題解決に向け、教育分野で貢献していく人材を育成していく必要がある。

　本書は「課題先進地」北海道、その東端にある農山漁村に囲まれた地域に立地する「日本一小さな教育学部」北海道教育大学釧路校地域・環境教育専攻に勤務もしくは勤務経験のある若手教員３名を中心に、上記のような課題意識を共有しつつ、教育・研究に取り組む４名の研究者による著述で構成される。以上のような課題意識に基づいて、本書が提起するのは、新たな教育・学校・教師の「地域に根ざした」あり方である（筆者ら本書執筆者はこれを「地域創造型」の教育・学校・教師と呼ぶ）。

　本書執筆者には、学校「現場」で正規の教職経験をもつ者は一人もいない。だが、であるからこそ日々将来教師を目指して勤しむ学生たちと向き合う中で気付くこともあるであろうし、彼らや学校・現場の教師たちに期待していることもある。執筆者一同、もとより上記のような限界には自覚的なつもりではある。であるからこそその大学と現場との協働であるとも思うし、本書が意味あるものであるとすれば、いわば「学校の外」からの学校論としてということにな

るのかもしれない。

　本書は、下記2件の文部科学省科学研究費補助金（基盤研究（C））による研究成果の一部である。
　　○「持続可能な地域づくりに向けた学校内外における協働体制の構築過程に関する調査研究」（平成28年度～30年度、研究代表者・宮前耕史）
　　○「地域とともにある学校づくりの実質化と地域人材育成に関する調査研究」（平成28年度～30年度、研究代表者・安井智恵）

　「地方から、地域の未来を変える教育を」（島根県立隠岐島前高等学校魅力化コーディネーター・奥田麻依子氏の言葉）。であれば、われわれはそうした教育を担い得る人材の育成を。本書がこれから「地域に根ざした」教師になろうと教員養成課程に学ぶ学生や、「持続可能な地域づくり」に向け「現場」で奮闘する教職員、関係者のみなさまの道しるべになれば幸いである。

　平成29年11月

　　　　　　　　　編著者を代表して　　　宮前　耕史

目　　次

はじめに

序　章　持続可能な地域づくりと学校—課題としての「地域に根ざ
　　　　した教師」像—

　　1　課題としての地域社会の持続可能性　*1*

　　2　課題としての「地域に根ざした教師」像　*3*

　　3　本書の課題と構成　*10*

第Ⅰ部　「学校発」の地域づくり
　　　　　　—「うらほろスタイルふるさとづくり計画」—

第1章　「うらほろスタイルふるさとづくり計画」とその特徴

　　1　はじめに　*21*

　　2　浦幌町概観　*22*

　　3　「うらほろスタイルふるさとづくり計画」の概要
　　　と推進体制　*28*

　　4　「うらほろスタイル」の特徴　*36*

　　5　「うらほろスタイル」に見る新たな「地域に根ざ
　　　した教師」像—「地域創造型教師」　*38*

　　6　おわりに　*40*

第2章　「うらほろスタイルふるさとづくり計画」の成り立ち

　　1　はじめに　*43*

　　2　浦幌中学校「総合的な学習の時間—町おこし」の
　　　開始　*43*

　　3　NPO法人「日本のうらほろ」とその活動　*48*

i

4 「うらほろスタイル教育プロジェクト」─学校・
地域の連携・協働の取り組みへ　*51*

5 「うらほろスタイル推進地域協議会」の結成　*54*

6 おわりに　成り立ちから見た「うらほろスタイル」
の特徴　*55*

第Ⅱ部　全国事例

第3章　NPOによる学校での地域・環境教育に対する支援活動の
　　　　展開─北海道浜中町・霧多布湿原ナショナルトラストの事
　　　　例から─

1 はじめに　*65*

2 浜中町の概要　*66*

3 霧多布湿原ナショナルトラストの活動　*68*

4 学校を対象にした地域・環境教育活動の支援活動　*77*

第4章　コミュニティ・スクールを核とした地域創造の可能性
　　　　─子ども・大人・地域をつなぐ岐阜市のコミュニティ・ス
　　　　クールの展開─

1 はじめに　*87*

2 学校・家庭・地域の連携施策の課題　*90*

3 岐阜市型コミュニティ・スクールの概要　*99*

4 岐阜小学校コミュニティ・スクールの展開　*104*

5 地域創造型コミュニティ・スクールに向けて　*117*

目　　次

第5章　コミュニティビジネスと「ふるさと学習」との連動

1　はじめに　*125*

2　事例地域の概要　*126*

3　地域再生にむけた住民の決起とコミュニティビジ
　ネスの展開　*127*

4　地元に誇りと元気を創りだす「ふるさと学習」　*136*

5　おわりに　*145*

終　章　「地域資源」としての学校と「地域創造型教師」像

1　地域教育社会学研究からみた「地域に根ざす学校
　教育」の現代的課題　*151*

2　「地域資源」としての学校と「地域創造型教師」像　*153*

3　「地域創造型教師」養成に向けた検討課題　*160*

執筆者一覧

iii

● 序 章 ●

持続可能な地域づくりと学校
─課題としての「地域に根ざした教師」像─

1 課題としての地域社会の持続可能性

　地方地域社会からの、とりわけ若年層の人口流出と過疎高齢化、人口の都市一極集中がとまらない。たとえば「課題先進地」北海道では2040年には約半数の市町村において人口が2010年の6割未満まで減少、さらに人口3,000人以下の市町村数が2040年には2010年の約3倍になると推測される（図1、図2）。

　図3は、同じく北海道について、道内各支庁（管内）における全小・中学校数に占めるへき地校指定率を示したものである。札幌・旭川・函館を擁する石狩・空知・渡島といった各支庁でそれぞれ13.5%、15.3%、32.4%と比較的低率であるのに対し、宗谷支庁で96.9%（65校中63校）、留萌支庁で94.1%（34校中32校）、日高支庁で93.3%（45校中42校）と、周縁部において圧倒的に高い率を示している。檜山支庁（全39校）・根室支庁（全59校）では100%と、すべての小・中学校がへき地校指定を受けている。

　このように、推計人口減少率の高い地域の分布と、へき地校指定率の高い地域のそれとを重ねてみれば、周縁部の市町村、郡部農山漁村にあっては、地域社会の存続そのもの、地域の持続可能性の実現が喫緊の課題であることが明らかである。

【図１】 2010年の人口を100とした場合の2040年推計人口（道内市町村）[1]

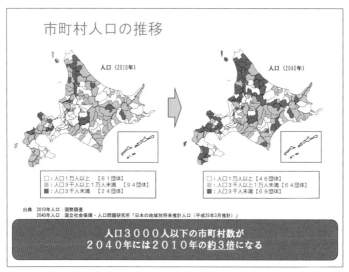

【図２】 道内市町村人口の推移（2010年～2040年）[2]

序章　持続可能な地域づくりと学校

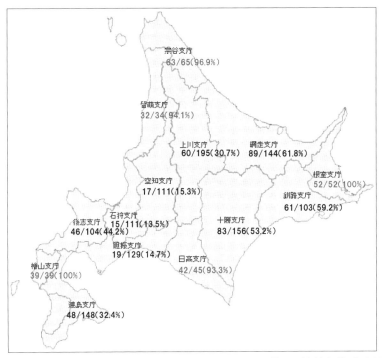

【図3】　道内各支庁（管内）小・中学校における「へき地校」指定率[3]

2　課題としての「地域に根ざした教師」像

(1)　課題としての「地域に根ざした教師」像

　本書は、北海道教育大学釧路校地域・環境教育専攻に勤務、もしくは勤務経験のある若手の教員3名を中心に、教師養成に取り組む4名の教育・研究者による著述で構成される。

　北海道教育大学釧路校は、上記のように若者の流出に歯止めがかからず過疎化と高齢化が進み、学校統廃合を繰り返す北海道東部（道東地方）の農山漁村に囲まれた地域に位置する「日本一小さな教育学部」である。同校では、そうした地域特性も生かし、「地域

に根ざした」とりわけ「へき地・小規模校教育」に力を入れている。

　しかしながらそこに学ぶ学生たちはというと、こうした環境に身を置き、将来教師を目指しながらも、そのような地域社会をとりまく厳しい現実を知らないし、驚くほど関心もない[4]。「地域に根ざした」教育・学校・教師のあり方が叫ばれる中で、無論、学生たちも「地域」の存在を意識はしている。意識はしているが、地域のおかれている厳しさを見ようとしない。なぜか。

　それは、従来の「家庭・学校・地域の連携」が、狭義の学校学力（受験学力・教科学力）の向上を目的として、そうした学校教育機能を補てん・拡充していくために地域や「地域（の）教育力」を「活用」していくことをねらいとしており、将来教師を目指す学生も、そのような眼差しで地域を見ているためと考えられる。

　図4は、このような実感をもとに、教師の「地域に向き合う姿勢や態度」（＝教師の「地域に根ざした」あり方）を、「地域活用型」「地域参加型」「地域創造型」の3つの理念型に示したものである。

類型	地域活用型	地域参加型	地域創造型
学校・教師の取組や姿勢	地域資源の発掘と教材化　地域人材の活用	地域参加・信頼関係構築　地域教育力の再構築・活用	協働による地域課題解決　地域人材形成
背景にある理論	「家庭・学校・地域の連携」論　「開かれた学校」論	「教育コミュニティ」論　「学社連携（融合）」論	「地域教育（計画）論」　「地域とともにある学校」論
学校・地域をめぐる位置関係　志向する価値	学校資源としての地域（学校のための学校）　学校教育の持続可能性		地域資源としての学校（地域のための学校）　地域社会の持続可能性

【図4】　教師の「地域に向き合う姿勢や態度」の3類型

序章　持続可能な地域づくりと学校

① 地域活用型教師

　柴田彩千子によれば、「家庭・学校・地域の連携」論の系譜は、社会教育審議会答申「在学青少年に対する社会教育の在り方について—家庭教育、学校教育と社会教育との連携」にさかのぼる（昭和49（1974）年）。ここでは、「家庭教育・学校教育・社会教育が相互に協力しあい、とりわけ学校教育活動と社会教育施設（たとえば、公民館、博物館、図書館、少年自然の家など）を活用した社会教育活動が連携することにより、子どもに対する教育事業の充実化」していくことが目指された。こうした「両者の連携のありよう」が、「学校教育と社会教育との連携を意味する『学社連携』の考え方として浸透していった」のであるという[5]。

　以降、さまざまな「家庭・学校・地域の連携」のあり方が主張されてきた。だが、「地域人材」であれ、「地域教材」であれ、そのすべからくが、「地域」や「地域（の）教育力」を学校および学校教育へと「活用」していくことを主張するものではなかったか。たとえば「学校の教育活動について地域の教育力を生かすために、保護者、地域人材や団体、企業等がボランティアとして学校をサポートする」ことを目的に導入された「学校支援ボランティア」や、「学校応援団」の組織化を目指した「学校支援地域本部事業」はその典型である。これらはいわば、地域に対し、学校への一方的な奉仕・貢献（知識・労力の提供）を求めるものであったと言ってよい。

　こうした議論を背景に、「地域活用型教師」は、「地域教材」であれ「地域人材」であれ、地域や「地域（の）教育力」を、学校およびそこでの教育活動へと「活用」していく。「地域活用型教師」にとり、学校はあくまで「学校のための学校」であり、地域を学校資源と考える（「地域志向性」＜「自己完結性」[6]）。「地域活用型教師」にとっての地域とは、学校の教育目標の達成へと寄与・貢献してい

く限りにおいての地域であって、そうした地域資源を学校教育へと「活用」していくための「家庭・学校・地域の連携」である。このような学校・地域の一方向な関係性は、（教育活動に名を借りた）学校による地域の搾取と言い換えてよい。

② 地域参加型教師

「地域参加型教師」は、「地域活用型教師」と表裏一体の関係にある。地域や「地域（の）教育力」を「活用」していくためには、「学校の教育力」の活用や地域行事への「参加」など、学校・教師も地域に対して貢献しながら、地域住民との間に相応の信頼関係を構築しておく必要があるからである。

こうした教師の「地域に根ざした」あり方の理論的基盤となるのが「学社連携（融合）」論や「教育コミュニティ」論である。これらは学校教育のみならず社会教育・生涯学習の立場からも「家庭・学校・地域の連携」に注目し、「地域（の）教育力」が低下した都市部を主たるフィールドとして、そこに「学校を中心に、教育や子育てを縁にして、人々のつながりを創り出」し[7]、「地域社会の再編成をうながす」と同時に[8]、学校施設の開放や、教師を講師とする社会学級講座の提供その他「学校の教育力」の活用等、「地域（の）教育力」の「活用」にとどまらない、学校・教師の地域貢献の必要性と可能性、学校・地域の双方向的な互恵関係を主張した[9]。

だが、ではそこでそうした「学校の教育力」の活用がどのように「人々のつながりを創り出」し、「地域社会の再編成をうながす」（＝「教育コミュニティ」の創出）ことへとつながっていくのか具体的な筋道が示されず、また、これに対する教師の意識変容やそれをうながすための仕組みづくりや施策も十分ではなかったため、結局のところ、それは「地域（の）教育力」が低下してしまった地域にその「教育力を再構築」していくというその本来の目的よりも[10]、む

序章　持続可能な地域づくりと学校

しろ「学校を支える地域を創り出」すこと、つまりは地域や「地域（の）教育力」を学校資源として再構築していくことの必要性を強調していく結果に終わったとの感が否めない。

　地域や「地域（の）教育力」を「活用」していくためには、「学校の教育力」の活用や地域行事への「参加」等、学校・教師も地域に貢献しながら、地域住民との間に相応の信頼関係を構築しておく必要がある。「地域に根ざした」教師を志向する多くの教師や学生がイメージするその「地域に根ざした」あり方とは、おそらくこのようなものと推測される。

③　地域創造型教師

　筆者らは、「地域参加型教師」の今日的な意義は認めつつも、次のような点において限界を感じている。

　第一に、従来の「家庭・学校・地域の連携」論が想定してきた地域像が、「地域（の）教育力」が低下してしまった「都市部」であったことである。これに対して筆者らが想定する地域とは、濃密な人間関係と、これに基づく強力な「地域（の）教育力」を維持しながらも、地域社会そのものが存続の危機にある地方・郡部の農山漁村である。そこで求められる学校・教師の地域「参加」（ないし貢献）、「家庭・学校・地域の連携」のあり方とは、学校施設の開放や、教師を講師とする社会学級講座の提供等といった断片的かつ表層的なものではない。

　第二には、学校と地域の位置をめぐる問題である。「地域参加型教師」は地域を学校資源と位置付けて、学校（教育）の持続可能性を志向する。他方、筆者らは、学校を地域資源と位置付けて、地域社会の持続可能性を志向する。この差が、筆者らが学校・教師に求める地域に向きあう姿勢や態度、取り組みの差として現れてくる。地域社会そのものが存続の危機に瀕する地方地域社会・郡部農山漁

7

村において学校・教師に求められるのは、地域課題解決（＝地域の持続可能性の実現）に向けてこその「家庭・学校・地域の連携」（＝協働）と、そうした課題を解決しうる地域人材の形成である。筆者らは、こうした「地域に向き合う姿勢や態度」を保持する教師を「地域創造型教師」と呼んでいる。

　無論、「地域創造型教師」は地域学習も行うし、学校での諸種の取り組みに地域教材や地域人材、学校支援ボランティアも「活用」していく。だが、「地域活用型教師」や「地域参加型教師」と異なって、そこにはそれが地域課題解決や課題解決に向けた地域人材形成のためとの明確な目的や意志がある。たとえば、そのような志をもち教師の専門性をいかんなく発揮することによる地域との協働で取り組まれる地域学習は、子どもたちにとっては究極の課題解決型・探究型学習となり、アクティブ・ラーニング（地域課題解決型キャリア教育）となる。

　「地域創造型教師」は、学校・地域の連携（協働）を通じて地域課題を解決しつつ、地域課題を解決しうる人材を育成していく。こうした循環的な過程を通じて、ここではまさに「人づくりと地域づくりの好循環」が生み出されていく[11]。

(2)　地域創造型教師の系譜

　「地域創造型教師」の系譜は、戦後教育学の黎明期にまでさかのぼる。教育学者・大田堯は、広島県本郷町・本郷小学校区において、学校教員と地域住民とで「懇話会」を組織して、共同地域調査により地域課題を発見し、地域課題解決と地域課題解決に向けた人材育成を目指して、学校における教育課程と子どもの学習活動とをそうした課題解決に向けた取り組みの一環として再編成していく「本郷地域教育計画」に取り組んだ[12]。福井雅英によれば、それは「教師の自律性と専門性を高める実践であり、現場教師が実践主体

として成長していく筋道を示」すものであった[13]。

東井義男は、「作文的方法」（生活綴り方）をベースに「村の子どもが、村には見切りをつけて、都市の空に希望を描いて学ぶ、というのでは、あまりにみじめすぎる、と思うのだ。そういう学習（進学指導・就職指導によって得られる学力―引用者・注）も成り立つではあろうが、それによって育てられる学力は、出発点からして『村を捨てる学力』になってしまうのではないか」と述べ、「村を捨てる学力」に対する「村を育てる学力」を主張した[14]。「村の良質な側面を対象と」して「授業づくり」と「学校づくり」を行って、「地域をともにつくる『むらづくり』に参加する」ことにより、子どもたちが「過去・現在から未来へと（中略）地域に『暮らす』意味を問う」ていくことを目指した茨城県・旧御前山村の長倉小学校の実践は、「新・村を育てる学力」とも評されている[15]。

太田政男は「学校はもともと文字を教える、文字で教えるという教育方法を固有のあり方をもち、地域の生活や労働から離れた特別の教育機関であることによって、地域の現実から遊離しがちである。（中略）日本の近代学校では、（中略）中央に出ていく地方の人材を選抜する制度として学校制度が機能したことで、学校は『地域を捨てる学力』をつけるという側面が強かった」と述べ、「地域で生き、地域をつくる力」を目指す「地域をつくる学校―地域創造型学校」を主張した[16]。

学校を「地域の課題を解決するための『協働の場』」「地域づくりの核」と位置付けて、子どもを中心に据えて学校と地域が連携し、そこで「地域づくりの担い手」を育成していくことを求めた「地域とともにある学校（づくり）」は、今後における「地域創造型教師」の取り組みの有力な理論的基盤として注目されよう[17]。

3 本書の課題と構成

(1) 本書の課題

太田が述べているように、「文字を教える、文字で教える、という教育方法を固有のあり方」としてもつ（「方法知」＜「内容知」）「地域の生活や労働から離れた特別の教育機関」としての学校は、もともと「地域の現実から遊離しがち」な存在であった（「地域志向性」＜「自己完結性」）。そしてそれが「中央に出ていく地方の人材を選抜する制度として（中略）機能したことで、学校は『地域を捨てる学力』をつけるという側面が強かった」[18]。学校には、それが地方地域社会、とりわけ郡部農山漁村からの「人口流出装置」として機能してきたという一面がある。

「地域に根ざした」教育・学校・教師とは、あまりに人口に膾炙した言葉である。しかし、従来半ば手放しに礼賛されてきた、そうした教育・学校・教師の「地域に根ざした」あり方には一度検討を加えてみる必要がある。そこに検討を加えていかない限り、地方郡部の地域社会・農山漁村にあって、学校は、地域からの「人口流出装置」であり続けることになるのではなかろうか。

すでにみたように、従来、さまざまな「家庭・学校・地域の連携」のあり方が主張され、施策として展開されてきた。そうした中で、とりわけ「生活科」・「総合的な学習の時間」の新設を盛り込んだ学習指導要領の改訂（平成23（2011）年）や、学校支援地域本部事業の展開（平成20（2008）年）、学校評議員制度（平成12（2000）年）、学校運営協議会制度（平成16（2004）年）の導入以降、学校支援ボランティアや保護者・地域住民には「登下校中の子どもの見守り活動」や「校舎の美化活動」など、「授業外の活動」ばかりか、「保護者や地域住民がゲスト・ティーチャーとして特定の知識や技術を子どもたちに指導す

序章　持続可能な地域づくりと学校

ることや、コーディネーターとしてインターンシップや職場見学の機会を設定すること、各教科の授業への支援活動(ティーム・ティーチング、教材作成、教師の補助など)」、「教師とともに行事や授業の設計段階から参画」することさえ求められるようになっている[19]。

　無論、筆者らは、「地域学習」はじめ、「地域教材」「地域人材」を「活用」しての学校における諸種の教育活動の取り組みそのものを否定するわけではない。ましてや、地域の人々による、学校支援を通じた地域社会・地域づくりへの参画や、そこから得ることのできる学びや喜び、生きがいを否定するものでもない。だが、地域や「地域（の）教育力」の学校（教育）への「活用」や、地域住民による学校への献身的な奉仕・貢献の結果としての若年層の流出や過疎・高齢化、あげくの果ての「地方消滅」ではあまりにも悲しい。不公平である。そうした犠牲の上に、ここで達成されることになるのは「学校教育の持続可能性」である。

　一方、都市部に目を向けてみても、「地域（の）教育力」の低下のみならず、経済格差に子どもの貧困、シャッター商店街に空き家問題、独居老人の孤独死や地域社会の高齢化、在日外国人の処遇等、ありとあらゆる領域において課題が山積している。最近の文部科学省の調査によれば、全国の都道府県のうち、公立学校の廃校発生数が最も多い都道府県は北海道であるが、次いで多いのは東京都である(図5)。

　「地方消滅」「消滅可能性自治体」といった言葉の登場をまつまでもなく、全国的な少子高齢化が進行する中（図6）、もはや、郡部農山漁村の「持続可能性の実現」にのみ課題があるわけではない。都市部も含めた「持続可能な地域づくり」が課題なのである。「持続可能な地域づくり」に向け、新たな「地域に根ざした」教育・学校・教師のあり方を模索していく必要がある。そうした課題の達成に向け、教育分野で貢献していく人材を育成していく必要がある。

11

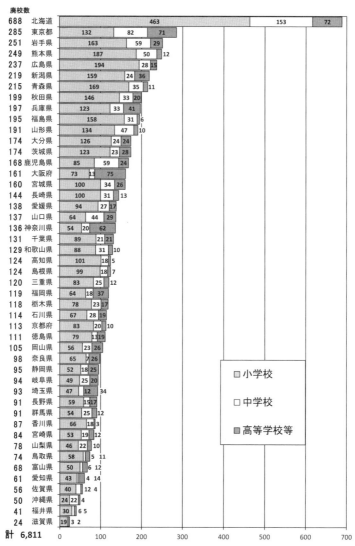

【図5】 公立学校の都道府県別廃校発生数（平成14年度～平成27年度）[20]

序章　持続可能な地域づくりと学校

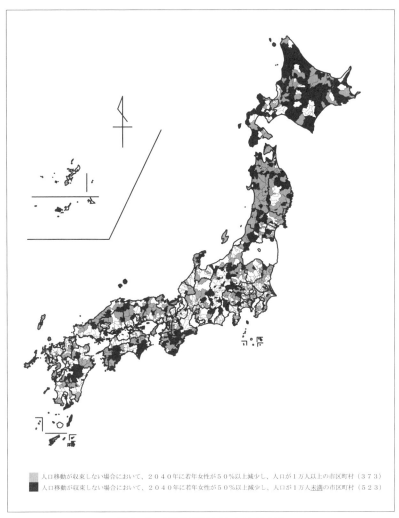

【図6】　「消滅可能性自治体」[21]

⑵　本書の構成

　以上のような課題意識に基づいて、本書が提起するのは、「地域に根ざした」教育・学校・教師の新たなあり方――「地域創造型」のそれである。こうした課題意識に基づいて、本書では、「持続可能な地域づくり」に向け、学校と地域（住民）とが連携・協働して取り組む先行先進事例を全国に訪ね、現段階におけるその到達点や課題、展望や可能性などについて、学校運営のあり方や校長のリーダーシップ、教師の地域に向き合う姿勢や態度、コーディネーターの存在、学校・教師と地域社会との関係性、地域における諸条件等、さまざまな面から多角的かつ実証的に明らかにする。

　第Ⅰ部（第1章・第2章）では、北海道十勝郡浦幌町で展開される「うらほろスタイルふるさとづくり計画」を取り上げる（宮前）。「子どもを軸」に「学校を舞台」に町内全小中学校の義務教育課程9年間を一貫して推進・展開される同計画は、「地域とともにある学校（づくり）」の先進事例として全国的な注目を集めている(22)。本書がとりわけ同計画に注目するのは、それが持続可能な地域づくりに主体的に参画していく教職員の危機意識・課題意識のあり方や、その取り組みを見守り、陰で支える管理職のリーダーシップ、学校と地域行政、NPOや町内各種団体との連携・協働、そして町内におけるこれら主体間や地域内外をつなぐプロジェクト・マネージャないしコーディネーターの存在等、持続可能な地域づくりに向けた学校・地域の連携・協働の取り組みとして、重要な理論的枠組み、実践のモデルを提供していると考えるからである。

　同計画は、町の総合基本計画『浦幌町第3期地域づくり計画』にも「うらほろスタイルを実現する教育・文化の町」として位置付けられた町の正式な地域づくり計画であるが、地域に唯一所在した高等学校・北海道浦幌高等学校の廃校（平成22（2010）年3月）に子

どもたちの将来を憂う教師たちの課題意識・危機意識は、いかに地域住民との間に共有され、全町的な取り組みへと展開するにいたったのか。

第3章では、環境NPO「霧多布湿原ナショナルトラスト」を中心とする北海道厚岸郡浜中町における地域・環境教育活動について取り上げる（平岡）。平岡によれば、町外からの移住者（A氏）を中心に組織された同法人の現段階における特徴は、地域活性化を目的とした多主体間の仲介・調整を行う「中間支援・コーディネート型」の活動を行っている点にある。同法人では町内小・中・高等学校と連携した特色ある地域・環境活動も行っているが、同町における地域・環境教育活動と、これを主軸とした同町における持続可能な地域づくりのさらなる推進・展開に向けた課題とはどのようなものか。

第4章では岐阜県岐阜市の岐阜小学校区を取り上げる（安井）。同校は、平成20（2008）年、岐阜市中心部に所在する130余年の伝統ある小学校2校の統廃合により新設された岐阜市内初のコミュニティ・スクールである。長期にわたる参与観察の成果から、安井は同校のコミュニティ・スクールとしての歩みを第1段階「導入期」、第2段階「活動充実期」、第3段階「再評価と改善展開期」として描き出す。安井によれば、岐阜小学校ではコミュニティ・スクールの導入により、子どもたちに「地域の一員」としての自覚が育まれているのみならず、子ども・教員・保護者・地域住民らが混在して相互に学ぶ、「地域創造型」の学校へと変容を遂げた。学校統廃合にともない、いわばトップダウンでコミュニティ・スクールが導入された形であるが、安井がここで提起するのは、持続可能な地域づくりに向けた学校・地域の連携・協働体制の構築に向けたコミュニティ・スクール導入の可能性である。

第5章では、青森県南津軽郡大鰐町における「プロジェクトおお

わに事業協同組合」の取り組みをとりあげる（添田）。平成21（2009）年、同町は財政健全化法に基づく早期健全化団体に指定され、破綻寸前の状況に陥っていた。地域の大人たちも、子どもたちには地域を離れて暮らすことを望んだ。そうした地域を変えようと立ち上がった地元住民によるコミュニティ・ビジネスが全国的に注目を集めている。そこでは、学校とも協働しながら、子どもとおとなの協同の学びを通じて、地域に新たな価値や文化を生み出している。現在、町は活気と誇りを取り戻しつつある。そうした「劇的変化」を可能とした「しくみ」や条件とはどのようなものであったのか。

終章では、直近における関連施策の動向・展開と本書における成果をふまえ、改めて学校を地域資源と考える、「地域創造型」の学校・教師のあり方とその実現の可能性・必要性について考えてみたい（宮前）。

[参考文献等]

⑴　北海道総合政策部政策局（計画班）「北海道の人口問題に係る現状」（第1回「北海道の人口減少化問題に関する有識者会議」資料（平成26（2014）年8月1日））http://www.pref.hokkaido.lg.jp/kz/kks/syokosingi/20140709-1-1.pdf（平成27（2015）年6月21日確認）

⑵　前掲⑴

⑶　北海道教育庁石狩教育局『石狩の教育』（平成26年度）2014、北海道教育庁胆振教育局『平成27年度要覧　胆振の教育』2015、北海道教育庁渡島教育局『要覧「渡島の教育」―2014年度版―』2014、北海道教育庁オホーツク教育局『平成26年度オホーツクの教育』2014、北海道教育庁上川教育局『上川の教育』（平成26年度）2014、北海道教育庁釧路教育局『釧路教育要覧』（平成26年度）2014、北海道教育庁後志教育局『後志の教育』（平成26年度）2014、北海道教育庁宗谷教育局『宗谷の教育』（平成26年度）2014、北海道教育庁空知教育局『空知の教育』（平成26年度）2014、北海道教育庁檜山教育局『檜山の教育』（平成26年度）2014、北海道教育庁十勝教育局『十勝の教育』（平

成22年度要覧）2010、北海道教育局根室教育局『根室の教育』（平成26年度）2014、北海道教育庁日高教育局『日高の教育』（平成26年度）2014、北海道教育局留萌教育局『るもいの教育』（平成26年度）2014より筆者作成

⑷　添田祥史・近江正隆・中村吉昭・宮前耕史・高木秀人・今泉博「ESD推進センター主催大学祭連携企画シンポジウム報告—地域教育のこれからと教師・学校の役割」北海道教育大学釧路校ESD推進センター『ESD・環境教育研究』第15巻第1号、2012

⑸　柴田彩千子『地域の教育力を育てる—子どもとおとなが学びあう生涯学習社会に向けて—』学文社、p. 5、2014

⑹　佐藤晴雄『学校を変える地域が変わる—相互参画による学校・家庭・地域連携の進め方—』教育出版、pp. 5-6、2002

⑺　高田一宏『教育コミュニティの創造～新たな教育文化と学校づくりのために～』明治図書、p. 20、2005

⑻　前掲⑺、p. 28

⑼　前掲⑸、pp. 7-8、前掲⑹、pp. 15-16

⑽　前掲⑺、p. 21

⑾　コミュニティ・スクールの推進等に関する調査研究協力者会議『コミュニティ・スクールを核とした地域とともにある学校づくりの一層の推進に向けて～すべての学校が地域とともに発展していくために～』、p. 12、2015年3月

⑿　大田堯『地域教育計画—広島県本郷町を中心とする実験的研究』福村書店、1949

⒀　福井雅英『本郷地域教育計画の研究—戦後改革期における教育課程編成と教師』学文社、p. 211、2005

⒁　東井義雄『東井義雄著作集1　村を育てる学力　他』明治図書、p. 22、1972（初出　東井義雄『村を育てる学力』明治図書、1957）

⒂　藤岡貞彦「新世紀の教育実践ここにあり」大木勝司・鈴木正氣・藤井千春編著『子どもの瞳が輝く授業　地域をともにつくる子どもたち　茨城県長倉小学校での2年間の実践記録』ルック、p. 3、2005

⒃　太田政男「地域づくりと学校づくり」長澤成次編『社会教育』（教師教育テキストシリーズ6）学文社、p. 80、2010

⒄　学校運営の改善の在り方等に関する調査研究協力者会議『子どもの豊かな学びを創造し、地域の絆をつなぐ～地域とともにある学校づくりの推進

方策～（概要）』2011年7月、及び前掲⑾

⒅　前掲⒃、p. 80、前掲⑹、pp. 4-5

⒆　田中雅文・坂口緑・柴田彩千子・宮地孝宜『テキスト生涯学習―学びがつむぐ新しい社会―新訂版』学文社、pp. 59-60、2015

⒇　文部科学省「廃校施設活用状況実態調査の結果について」http://www.mext.go.jp/b_menu/houdou/29/01/__icsFiles/afieldfile/2017/01/12/1353354_1_1_1.pdf（平成29（2017）年1月26日確認）

㉑　日本創成会議・人口減少問題検討分科会　提言「ストップ少子化・地方元気戦略」記者会見（資料2-2）http://www.policycouncil.jp/pdf/prop03/prop03_2_2.pdf（平成29（2017）年1月26日確認）

㉒　文部科学省『コミュニティ・スクール2016　地域とともにある学校づくりのために』2016

第Ⅰ部

「学校発」の地域づくり
―「うらほろスタイルふるさとづくり計画」―

● 第1章 ●

「うらほろスタイルふるさとづくり計画」と
その特徴

1 はじめに

　「うらほろスタイルふるさとづくり計画」とは、北海道十勝郡浦幌町において「子どもたちが夢と希望を抱けるまちを目指して」[1]、文字通り「町ぐるみ」で展開されるまちづくり計画で、その特徴は、「子どもを軸」に「学校を舞台」に、町内全小・中学校の義務教育課程9年間を一貫して正規の教育課程で取り組まれる、成り立ちとしても推進体制としても「学校発」の地域づくりであるという点にある。浦幌町では、同計画を通じて学校・地域の内外に人々のつながりが生み出され、持続可能な地域づくりに向けた「協働の仕組み」が創出されている[2]。

　第Ⅰ部では、「地域とともにある学校づくり」の先進事例としても全国的な注目を集める「学校発」の地域づくり「うらほろスタイルふるさとづくり計画」を取り上げる[3]。まず、第1章では、浦幌町および「うらほろスタイルふるさとづくり計画」の取り組みについて概略した上で、その町づくり計画としての特徴を明らかにする。続く第2章では、第1章で明らかにした「うらほろスタイル」の特徴と関わってその成り立ちについて述べ、あらためてその特徴について明らかにする。

2　浦幌町概観

　北海道十勝郡浦幌町は、国道38号線の帯広〜釧路市間のほぼ中間、帯広市から約50km（自動車で約1時間30分）、釧路市からは約70km（自動車で約1時間40分）ほどの距離にある、人口5,460人（男2,595、女2,865）、世帯数2,216世帯の町である（平成22（2010）年国勢調査時点）。町は南北に細長く、東は釧路市音別町、北は本別町、西は池田町および豊頃町に接し、南は太平洋に開けている。町内には国道38号線と、これに並行して走るJR根室本線が東西に横断、南北に道道56号線（本別浦幌線）が延び、本別町へと通じる（図1）。

第1章 「うらほろスタイルふるさとづくり計画」とその特徴

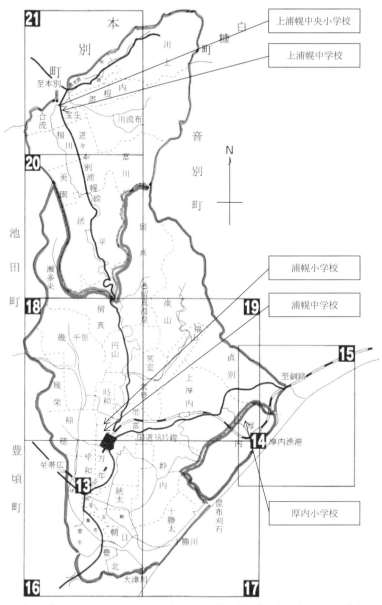

【図1】 浦幌町および小・中学校通学区域（平成27年4月現在）
＊浦幌町教育委員会提供

【表1】 浦幌町における産業別就業人口（15歳以上）（平成17年現在）

第1次産業				第2次産業			
農業	林業	漁業	計	鉱業	建設業	製造業	計
938	108	94	1,140	1	271	255	527

第3次産業								分類不能の産業	総数
電気・ガス・熱供給・水道業	運輸・通信業	卸売・小売業・飲食店	金融・保険業	不動産業	サービス業	公務	計		
11	110	394	18	2	792	136	1,463	2	3,132

＊浦幌町HP（http://www.urahoro.jp/profile/tokei/sangyoubetu.html）より作成（平成28（2016）年10月10日確認）

　町内はJR浦幌駅を中心に市街地（商店街・住宅地）が形成され、これを取り巻くように畑作・酪農・畜産地帯が広がり、南部には厚内漁港がある（図1）。表1及び図2は平成17（2005）年現在における浦幌町の産業別就業人口をまとめたものである。農業（小麦・

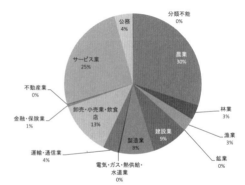

【図2】 浦幌町における産業別就業人口（15歳以上）（平成17年（2005）現在）
　　＊【表1】より作成

大豆・ばれいしょ・とうもろこし等を中心とする畑作と酪農）、林業、漁業（さけ・ます）就業人口が三分の一を占める、畑作・畜産と酪農、林業そして漁業を基幹産業とする第一次産業の町である。

　表2、図3は浦幌町域における大正9（1920）年～平成22（2010）年人口・世帯数の変動をまとめたものである。人口の場合を見ると、昭和35（1960）年に男女あわせて14,150人を数えたのをピークに、平成22（2010）年には5,460人まで減少している。浦幌町にお

第1章 「うらほろスタイルふるさとづくり計画」とその特徴

ける人口は、半世紀の間に3分の1にまで減少したことになる。

　平成28（2016）年4月現在、浦幌町には小学校と中学校が二つず
つある（上浦幌中央小学校・浦幌小学校と、上浦幌中学校・浦幌中
学校）。上浦幌中央小学校を卒業した子どもたちは上浦幌中学校へ、
浦幌小学校を卒業した子どもたちは浦幌中学校へと進学する。図1
にある厚内小学校は、平成28（2016）年3月に浦幌小学校へと統合
され、廃校となった。

【表2】　浦幌町域における人口・世帯数の変化（大正9年～平成22年）

	大正9年	大正14年	昭和5年	昭和10年	昭和15年	昭和20年
男	3,807		4,007	4,281	5,157	4,207
女	3,664		3,861	4,128	4,992	4,368
計	7,471		7,868	8,409	10,149	8,575
世帯数	1,497		1,561	1,623	1,967	1,449

昭和25年	昭和30年	昭和35年	昭和40年	昭和45年	昭和50年	昭和55年
6,115	6,607	7,205	7,114	5,812	5,094	4,809
5,888	6,607	6,945	6,666	5,914	5,260	4,884
12,003	13,214	14,150	13,780	11,726	10,354	9,693
2,075	2,328	2,706	2,992	2,995	2,907	2,882

昭和60年	平成2年	平成7年	平成12年	平成17年	平成22年	
4,585	4,058	3,695	3,317	2,933	2,595	
4,673	4,337	3,926	3,529	3,135	2,865	
9,258	8,395	7,621	6,846	6,068	5,460	
2,860	2,669	2,575	2,525	2,379	2,216	

＊浦幌町HP「統計資料」（http://www.urahoro.jp/toukei/zinkousuii.html）によ
る（平成24（2012）年4月14日確認）

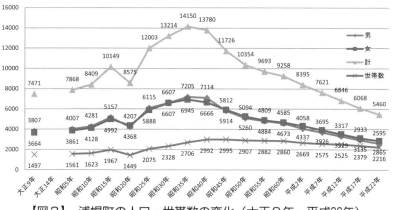

【図3】 浦幌町の人口・世帯数の変化（大正9年～平成22年）
＊【表2】より作成

　表3、図4は浦幌町における小・中学校数の変化を見たものである。浦幌町における学校教育の歴史は明治33（1900）年、吉野小学校・常室小学校の2校が開校したのを嚆矢とする。以降、学校数は増え続け、小学校は昭和25（1950）年、中学校は昭和31（1956）年に、それぞれ22校、16校とピークに達する。昭和40年代に入るとこれが減少に転じ、すでに述べたように、現在（平成28（2016）年4月段階）までの間に小・中学校2校ずつまでに統廃合が進んだ。各学校における平成28（2016）年5月1日現在の児童・生徒数、学級数、教職員数は表4のとおりである。

【表3】 浦幌町における小・中学校数の変化（大正9年〜平成22年）[4]

年	大正9年	大正14年	昭和5年	昭和10年	昭和15年	昭和20年
中学校数						
小学校数	18	20	20	21	21	21
昭和25年	昭和30年	昭和35年	昭和40年	昭和45年	昭和50年	昭和55年
9	14	16	16	8	4	3
22	22	22	22	19	19	17
昭和60年	平成2年	平成7年	平成12年	平成17年	平成22年	
3	3	3	3	3	2	
12	9	9	7	4	3	

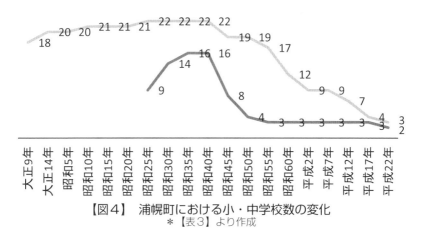

【図4】 浦幌町における小・中学校数の変化
＊【表3】より作成

【表4】 浦幌町における小中学校の概要（平成27年５月現在）[5]

	学校名	児童・生徒数	学級数	教職員数
小学校	上浦幌中央小学校	27	4	7
	浦幌小学校	173	10	16
	厚内小学校	6	3	4
中学校	上浦幌中学校	14	3	13
	浦幌中学校	88	4	14

　高校には昭和26（1951）年、北海道池田高等学校浦幌分校として開校した浦幌高等学校があった。しかし、平成22（2010）年３月に閉校となり、現在町内に高校はない。中学校を卒業すると、子どもたちは帯広・池田・本別といった近郊の市町村に所在する高校や、札幌や釧路等、親元を離れての生活が必要となる遠方の高校へと進学する。後に述べるように、浦幌高等学校廃校後における子どもたちを取り巻く「一度は町を離れることになる」というこのような状況が、後に「うらほろスタイルふるさとづくり計画」と呼ばれることになる町づくりの取り組みの大きな契機となったと聞かれる。

3 「うらほろスタイルふるさとづくり計画」の概要と推進体制

　図５は、「うらほろスタイルふるさとづくり計画」の、平成28（2016）年４月現在における取り組みの全体像と推進体制の変遷を図示したものである。以下、これに基づき「うらほろスタイル」の取り組みと推進体制について概略する。

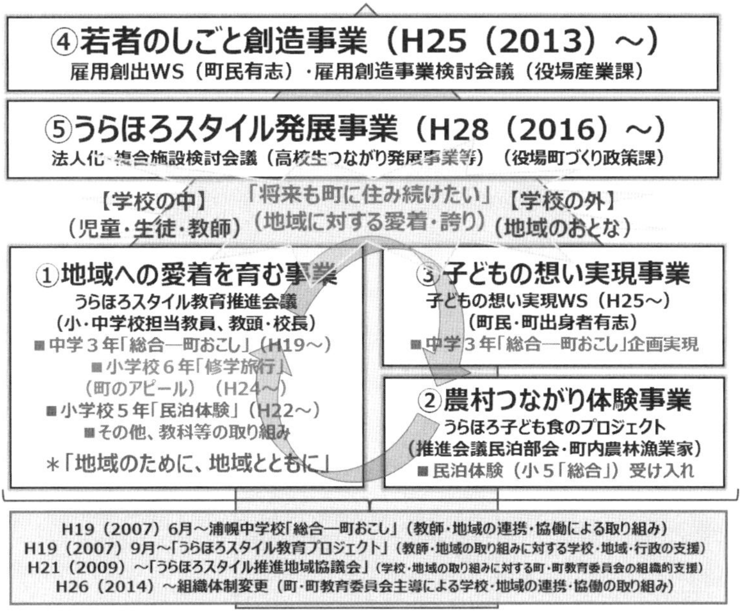

第１章　「うらほろスタイルふるさとづくり計画」とその特徴

④若者のしごと創造事業（H25（2013）〜）
雇用創出WS（町民有志）・雇用創造事業検討会議（役場産業課）

⑤うらほろスタイル発展事業（H28（2016）〜）
法人化・複合施設検討会議（高校生つながり発展事業等）（役場町づくり政策課）

【学校の中】　　「将来も町に住み続けたい」　【学校の外】
（児童・生徒・教師）（地域に対する愛着・誇り）（地域のおとな）

①地域への愛着を育む事業
うらほろスタイル教育推進会議
（小・中学校担当教員、教頭・校長）
■中学３年「総合―町おこし」（H19〜）
　■小学校６年「修学旅行」
　（町のアピール）（H24〜）
■小学校５年「民泊体験」（H22〜）
　■その他、教科等の取り組み
　＊「地域のために、地域とともに」

③子どもの想い実現事業
子どもの想い実現WS（H25〜）
（町民・町出身者有志）
■中学３年「総合―町おこし」企画実現

②農村つながり体験事業
うらほろ子ども食のプロジェクト
（推進会議民泊部会・町内農林漁業家）
■民泊体験（小５「総合」）受け入れ

H19（2007）６月〜浦幌中学校「総合―町おこし」（教師・地域の連携・協働による取り組み）
H19（2007）９月〜「うらほろスタイル教育プロジェクト」（教師・地域の取り組みに対する学校・地域・行政の支援）
H21（2009）〜「うらほろスタイル推進地域協議会」（学校・地域の取り組みに対する町・町教育委員会の組織的支援）
H26（2014）〜組織体制変更（町・町教育委員会主導による学校・地域の連携・協働の取り組み）

【図５】　「うらほろスタイルふるさとづくり計画」の全体像と推
　　　　　進体制（平成28年４月現在）

⑴　「地域への愛着を育む事業」（うらほろスタイル教育推進会議）

　「うらほろスタイル」の取り組みの中心となっているのが、「地域
への愛着を育む事業」である。町内全小・中学校の校長・教頭と担
当教員により構成される「うらほろスタイル教育推進会議」を推進
主体とし、町内全小・中学校の義務教育課程９年間を一貫して取り
組まれている。子どもたちに「地域への愛着・誇り」を育んでいく
ことを目的に、生活科や「総合的な学習の時間」を中心に、正規の
教育課程で取り組まれている。

　「地域への愛着を育む事業」におけるとりわけ注目される取り組
みとして、町内全小学校の５年生児童による「浦幌民泊体験」（総
合的な学習の時間）（平成22（2010）年度〜）と、修学旅行での「ふ

29

るさとうらほろの魅力PR活動」(浦幌小学校・厚内小学校、平成24（2012）年～)、そして中学校3年生が「総合的な学習の時間」の一環として取り組んでいる「町おこし」がある（浦幌中学校、平成19（2007）年～)。

① 浦幌民泊体験(小学校5年生・総合的な学習の時間)（写真1）

【写真1】 浦幌民泊体験（うらほろスタイル推進地域協議会提供）

「浦幌民泊体験」は、小学校5年生の子どもたちが、地元・浦幌町の農林漁業家宅での1泊2日の宿泊体験(ホームステイ)を伴う作業体験・生活体験をするというものである。町内全小学校が、例年9月初旬に合同で実施している。「浦幌民泊体験」では、たとえば農家の子どもたちは林業・漁業家宅に、漁業者の子どもたちは林業家・農家宅にというように、日常生活とは異なる環境で作業体験・生活体験を行って、子どもたちがより広く地域を知り、知己を得ることができるよう配慮されている。平成21（2009）年度の夏季リーダー研修での社会教育事業としての実施を経て、平成22（2010）年度より小学校「総合的な学習の時間」の一環として取り組まれるようになった[6]。

② 「ふるさとうらほろの魅力PR活動」（小学校6年生（浦幌小学校・厚内小学校）修学旅行）（写真2）

小学校（浦幌小学校）では、例年秋季に札幌方面への修学旅行を実施している。「ふるさとうらほろの魅力PR活動」とは、その際、札幌駅構内等において、「民泊体験」などを通じて知り得た地元・浦幌町の魅力を市民や観光客に対してアピールするというものである。平成23（2011）年度に「民泊体験」を行った小学校5年生児童

30

第1章 「うらほろスタイルふるさとづくり計画」とその特徴

が6年生になった平成24（2012）年度に開始された。足を止めて子どもたちの説明に聞き入る通行人もあり、感激した方から学校に手紙が届き、そこから子どもたちの交流が始まるといったこともあるという。

③ 「総合―町おこし」（浦幌中学校3年生・総合的な学習の時間）（写真3）

【写真2】 ふるさとうらほろの魅力PR活動（うらほろスタイル推進地域協議会提供）

中学校（浦幌中学校）における注目すべき取り組みとして、3年生が「総合的な学習の時間」に取り組む「町おこし」の取り組みがある。行政担当者や専門家を招いての講話や町内バスツアー、産業体験や販売体験を踏まえて地域の魅力を発見し、町

【写真3】 町活性化（案）発表会

を活性化するための企画案を作成、発表する。

　年により時期は異なるが、毎年、町長・教育長・役場関係者を含む全町民を対象とした「町活性化企画（案）発表会」を開催し、「企画（案）」はその場で町長に提出される。「うらほろスタイル」の取り組みとしては最も早い時期に開始されたものであり、学校・地域の連携・協働による地域づくりの緒を開いた取り組みである。平成28（2016）年度で10年目を迎え、すでに相当数の「町活性化案」が提案されている。

31

(2) 農村つながり体験事業（うらほろ子ども食のプロジェクト）

　以上、「地域への愛着を育む事業」がいわば学校における取り組みであるのに対し、「農村つながり体験事業」と「子どもの想い実現事業」とは、こうした学校の取り組み（=「地域への愛着を育む事業」）に対し支援・協力を行う地域の取り組みということができる。

　まず、「地域への愛着を育む事業」に対し、小学校5年生による「民泊体験」の受け入れという形で協力を行っているのが、「うらほろ子ども食のプロジェクト」による「農村つながり体験事業」である。町内農林漁業家有志と「うらほろスタイル教育推進会議」の「民泊部会」担当者で構成される。

　平成20（2008）年より、浦幌町では農林漁業家有志が関西方面からの高校生の修学旅行生の民泊体験の受け入れを行ってきた。そうした経験も踏まえ、平成21（2009）年にまず夏季少年リーダー養成講座として地元小学生による民泊体験の受け入れを開始、受け入れ農林漁業家の拡大を課題として「民泊体験受け入れ準備委員会」を結成、「うらほろ食のプロジェクト」「うらほろ子ども食のプロジェクト」への名称変更を経て、平成22（2010）年、「地域への愛着を育む事業」の一環としての地元小学校5年生による「民泊体験」の受け入れを開始した。

(3) 子どもの想い実現事業（子どもの想い実現ワークショップ）（写真4）

　「地域への愛着を育む事業」に対し、浦幌中学校3年生「総合的な学習の時間—町活性化企画案発表会」で提案された町活性化企画案を実現するという形

【写真4】　子どもの想い実現WS

第1章 「うらほろスタイルふるさとづくり計画」とその特徴

で協力を行っているのが、「子どもの想い実現ワークショップ」による「子どもの想い実現事業」である。ただし、企画案を自らの手で直接実現するのではなく、企画案を蓄積・整理しながら町内各種団体・業者へ仲介するといった、実現に向けたコーディネーター的役割を果たすことに徹している。

従来、有志がボランティアで協力を行っていたものが、平成25（2013）年度より「うらほろスタイル」の取り組みとして位置付けられたもので、浦幌地域おこし協力隊を事務局に、町民や町出身有志その他で構成される[7]。

今では子どもたちにもすっかりおなじみ、大人気となった町キャラクター「ウラハとホロマ」や（図6）、すっかり定番となった「浦幌弁当」も中学生により考案され、「子どもの想い実現事業」を通じて実現されたものである。

【図6】 浦幌町マスコット・キャラクター「ウラハとホロマ」
＊浦幌町観光協会提供

(4) 若者のしごと創造事業（雇用創造事業検討会議（町産業課）・雇用創出ワークショップ（町民有志））

以上のような取り組みを通じ、子どもたちには確実に「地域への愛着や誇り」が芽生えてきた。子どもたちの「将来も町に住み続けたい」といった子どもたちの声を受け、大人たちがその責任を果たしていくため開始されたのが、「若者のしごと創出事業」である（平成25（2013）年～）。役場産業課を事務局に、雇用創造事業検討会議と町民有志により構成された「雇用創出ワークショップ」により推進される。

平成26（2014）年2月、同事業では、一般社団法人食品需給セン

ターの協力も得ながら、中学校卒業後の子どもたちのキャリア形成のあり方や地域資源の検証なども行なって、下記のような6つの雇用創造事業案を提案している[8]。

①　林業をモデルとした浦幌の林業と町民を繋ぐ雇用創造―「町民参加型植林・育林活動『うらほろの木』プロジェクト」

②　農業・漁業をモデルとした地域連携6次産業化による雇用創造―「うらほろの地域連携6次産業化」

③　観光業をモデルとした着地型観光による雇用創造―「教育旅行の受け皿『うらほろ学校』プロジェクト」

④　管理栄養士をモデルに子どもの夢を浦幌で実現させる―「うらほろの食を伝える栄養士の育成」

⑤　新たな雇用を生み出す基盤となる「『うらほろ起業創造ラボ』の構築」

　これらについては、町内関係団体や、次に述べる「うらほろスタイル発展事業」（平成28（2016）年〜）により順次着手・展開されている。

⑸　うらほろスタイル発展事業

　「うらほろスタイル」のさらなる発展と取り組みの持続可能性の実現を目指し、平成28（2016）年から取り組まれているのが「うらほろスタイル発展事業」である。「法人化・複合施設検討会議」を中心に、「うらほろスタイル推進地域協議会」の組織体制と事業の再編・整理に向けた検討が進められている。

　教育・人材育成に関わる領域および「若者のしごと創造事業」の発展形としての商品開発、移住・定住、起業・創業といった経済活動に関わる領域を中心に、その取り組みや検討対象は多岐にわたるが、ここでは「高校生つながり発展事業」と「複合施設基本構想検討ワークショップ」および同「検討会義」に注目しておきたい。

「高校生つながり発展事業」は、平成28（2016）年3月の中学校卒業生たちの「卒業した後も集まって、町活性化のために自分たちでできることを考えていきたい」との声を受け、取り組まれることとなったものである。高校生たちがボランティア・サークル「浦幌部」を結成、

【写真5】 浦幌部（うらほろスタイル推進地域協議会提供）

「うらほろ地域おこし協力隊」を事務局に、大学生や地域の大人たちの支援や協力も得ながら活動を模索中である（写真5）。

取り組みの1年目となる平成28（2016）年には、地元食材を生かしたピザ（浦幌PIZZA）を考案し、町内のイベント（みのり祭り）や大学学園祭（北海道教育大学釧路校）で販売を行った。高校生たちにとっては、大人たちや大学生との関わりの中で地域課題に対峙しながら自己の将来について考える、社会教育領域における地域課題解決型のキャリア教育として意味をもつものである。

一方、「複合施設基本構想検討ワークショップ」および同「検討会議」では、町内外における異文化・多世代交流施設（滞在型交流施設）としての「複合施設」設置の可能性の検討が進められている。施設設置の実現により、「うらほろスタイル」の取り組みのさらなる活性化が期待される。

(6) 「うらほろスタイル」の推進体制

以上のような「うらほろスタイル」の取り組みをゆるやかに下支えするのが「うらほろスタイル推進地域協議会」である。

次章に詳しく述べるように、同協議会はいくたびか組織体制に変更を加えつつ、町副町長を会長に、役場町づくり政策課を事務局と

する現在（平成26（2014）年4月〜）の体制に至っている（図7）。「うらほろスタイル」における実質的な推進・コーディネートには、町から委託を受けた町内の企画会社・株式会社ノースプロダクション（近江正隆代表取締役）と、その指示を受けた「うらほろ地域おこし協力隊」が「うらほろスタイル推進事業コーディネーター」として業務に当たっている。

【図7】「うらほろスタイルふるさとづくり計画」の推進体制（組織図）（平成26年4月〜）
＊うらほろスタイル推進地域協議会提供

4 「うらほろスタイル」の特徴

　以上が「うらほろスタイルふるさとづくり計画」における平成28（2016）年4月現在の取り組みと推進体制の概要である。同計画は、『浦幌町第3期町づくり計画』にも「うらほろスタイルを創出する教育・文化の町」として位置付けられた（平成23（2011）年）、町の総合振興計画である。以上を踏まえ、同計画の地域づくり計画としての特徴を、次のように言うことができる。

第1章　「うらほろスタイルふるさとづくり計画」とその特徴

① 「子どもを軸」とした地域人材形成の取り組み

　第一に、子どもたちを将来の地域の担い手と明確に位置付けた、地域人材形成の取り組みであるという点である。「うらほろスタイル」では「子どもたちが町に残らないのは仕事がないからではない、『地域に対する愛着・誇り』が育まれていないからである」との発想のもと、子どもたちを「将来の地域の担い手」と明確に位置付けて、そこに「地域に対する愛着・誇り」を育んでいくことを目的とする。

　このような発想自体、地域づくりの発想として新しいもののように思われるが、このように、「うらほろスタイル」の第一の特徴は、子どもたちを「将来の地域の担い手」と明確に位置付けて、そこに「地域に対する愛着・誇り」を育んでいくことを目的とした「子どもを軸」とした地域人材形成の取り組みであるという点にある。

② 「学校を舞台」とした正規の教育課程における取り組み

　第二に、このような地域人材形成の取り組みが、町内全小・中学校で校種や校区の違いを越え、9年間の義務教育課程を一貫して正規の教育課程で取り組まれているという点である。また、この点と関わって、学校において授業その他を通じて子どもと直接関わる教師が、地域づくりに向けた取り組みのもう一方の中核的主体として位置付けられている点、さらに教師自身も「地域のために、地域とともに」（後述）、地域の持続可能性に対する危機意識や課題意識を共有しながら主体的に参画している点も「うらほろスタイル」の大きな特徴である。

③ ボトムアップで成り立ち推進される「学校発」の取り組み

　第三に、上記のような教師の持続可能な地域づくりに向けた当事者意識に基づいて、これを出発点に、学校・地域内外における多種多様な主体を巻き込みながらボトムアップで成り立ち推進される

「学校発」の学校・地域の連携・協働による取り組みであるという点である。

浦幌町では、以上のような「子どもを軸」「学校を舞台」とした「学校発」の地域づくり（地域人材形成の取り組み）—「うらほろスタイル」により、学校・地域の内外に人々のつながりが生み出され、持続可能な地域づくりに向けた「協働の仕組み」が創出されている[9]。

5 「うらほろスタイル」に見る新たな「地域に根ざした教師」像—「地域創造型教師」

以上、本章では浦幌町および「うらほろスタイルふるさとづくり計画」の取り組みと推進体制について概略した上で、その特徴について述べてきた。次に上記のような「うらほろスタイル」の特徴に関わって、最後にこれに関わる学校・教師の地域に向き合う姿勢・態度について注目しておきたい。

次にあげるのは、平成20（2008）年3月11日に開催された、記念すべき第1回目の浦幌中学校「総合的な学習の時間—町活性化（案）発表会」の冒頭の、当時同校校長であった高橋康伸氏による「開会の言葉」の中の一節である。

　　地域に学ぶ学習でいうと、今までは
　　○地域を学習の対象とする「ふるさとを学ぶ」という考え方
　　○地域を学習の場所とする「ふるさとで学ぶ」という考え方
　の2つの考え方が多かったが、これからは
　　○地域を学校のパートナーとする「ふるさととともに学ぶ」という考え方
　　○地域の発展を願う「ふるさとのために学ぶ」という考え方

を取り入れ、展開していくことが大切になってくると考えている。地域の課題に学校の教育活動をしっかり対応させることが、これまで以上に求められる時代となってきているのは間違いない。

人は、ふるさとで生まれ、ふるさとで育ち、やがてふるさとを育てる立場になる。それだけに、学校が果たす役割には限りなく大きいものがある。教職員ともども、しっかり地域に学んでいきたい（元浦幌中学校・野村香織教諭提供資料より）。

ここで高橋が問うているのは、何のための「地域学習」「地域連携」なのかということである。これに対する高橋の主張とは、それは「地域と地域の発展のため」であるということである。「学校は、将来の地域の担い手を育てるところ」なのであり、そして「そのためにこそ、学校・教師は『地域とともに』」あるのであって、「『地域で地域を学ぶ』のだ」ということである。ここには、地域を学校の資源と考えるのではなく、学校をこそ地域資源と考える、教師の新たな「地域に向き合う姿勢や態度」、新たな「地域に根ざした教師」像を見ることができる。

平成23（2011）年7月5日、学校運営のあり方等に関する調査研究協力者会議は「子どもの豊かな学びを創造し、地域の絆をつなぐ～地域とともにある学校づくりの推進方策～」を提言、学校を「地域の課題を解決するための『協働の場』」「地域づくりの核」と位置付けて、「子どもを中心に据えた学校と地域の連携」による地域課題解決や、「地域づくりの担い手」の育成、このような「地域とともにある学校（づくり）」を目指した関係者の意識変容（当事者意識の醸成）の必要性を訴えた。

「地域のために、地域とともに」、教師が地域の持続可能性の実現に向け、地域住民とも危機意識や課題意識を共有しつつ、「子ども

を軸」に「学校を舞台」に、町内外における多様な主体との連携・協働により推進・展開される「学校発」の地域づくり——「うらほろスタイル」は、「地域とともにある学校（づくり）」「学校を協働の場・核とした地域づくり」の先進事例中の先進事例であるということができるのである。

6　おわりに

　以上、本章では浦幌町および「うらほろスタイルふるさとづくり計画」の取り組みと推進体制について概略した上で、その特徴について述べてきた。同計画が「地域とともにある学校づくり」「学校を協働の場・核とする地域づくり」の先進事例であることも、すでに述べたとおりである。

　平成27（2015）年度4月、浦幌町教育委員会では町内全小中学校に「小中一貫コミュニティ・スクール」を導入した（上浦幌学園・浦幌学園）。これは、学校に教職員の異動が宿命づけられている中、「うらほろスタイル」における学校・地域の連携・協働の取り組みに、いわば制度的な網をかぶせ、枠組みを与えることでその初志を引き継ぎ、継続性を担保していこうとの試みである。

　このような枠組みのもと、浦幌町では各学園において「アクションプラン」を作成すると同時に、浦幌町教育研究所と「小中一貫コミュニティ・スクール（うらスタ部会）」との協力により、義務教育課程9年間を貫く小中一貫の「ふるさと学習」の整理・再編が進められている。「うらほろスタイル」における学校・地域の連携・協働に取り組みの展開とさらなる発展に、今後も注目していく必要がある。

第1章 「うらほろスタイルふるさとづくり計画」とその特徴

[参考文献等]

⑴ うらほろスタイル推進地域協議会『うらほろスタイルふるさとづくり計画』（パンフレット）、p. 6、2011

⑵ 前掲⑴、p. 6

⑶ 文部科学省『コミュニティ・スクール2016 地域とともにある学校づくりのために』2016

⑷ 浦幌町立浦幌小学校開校100周年記念誌事業協賛会記念誌編集部編『浦幌町立浦幌小学校100周年記念誌』浦幌町立浦幌小学校開校100周年記念誌事業協賛会、2005、浦幌町立浦幌小学校編『脈動―平成23年度浦幌町学校の教育』2011、浦幌町立浦幌中学校編『平成23年度浦幌中の教育』2011、上浦幌中央小学校編『上浦幌中央小学校の教育（平成23年度）』2011より著者作成。人口・世帯数の変化とそろえるため、国勢調査実施年における小・中学校数を示した。

⑸ 北海道教育庁十勝教育局『十勝の教育』p. 18、2015

⑹ 小・中学校での修学旅行等における民泊体験を含んだ「第一次産業体験」や「生活体験」（グリーン・ツーリズム）の取り組みは、今日ではさほど珍しい取り組みではなくなってきている。しかし、子どもたちの「地元」農林漁業家宅での民泊を伴う同様の取り組みは、国内でもほんの数例を数えるだけの際立った取り組みのように思われる。

⑺ 小・中学校あるいは高等学校の取り組みとして、子どもたちが地域活性化に向けた企画案を作成し、議会や役場に提出するといった取り組みはさほど珍しいものではない。だが、それが地域の大人たちの手で実際に実現されているという点に、「うらほろスタイル」の特徴がある。

⑻ うらほろスタイル推進地域協議会（若者の雇用創造事業検討会）『浦幌の子どもたちのために雇用創出について考える～今、私たちがするべきこと』（パンフレット）、2014

⑼ 前掲⑴、p. 6

```
━━━━━●　第2章　●━━━━━

「うらほろスタイルふるさとづくり計画」の
成り立ち
```

1　はじめに

　第1章では、浦幌町および「うらほろスタイルふるさとづくり計
画」の取り組みと推進体制について概略した上で、その「地域づく
り計画」としての特徴について明らかにした。本章では、第1章で
明らかにした「うらほろスタイル」の特徴と関わって、とりわけそ
の「ボトムアップ」という点に注目しつつ、その成り立ちについて
述べておきたい。

　表1は、「うらほろスタイル」の成り立ちを年表風にまとめたも
のである。以下ではこれに基づき、その成り立ちについて述べてい
く。

2　浦幌中学校「総合的な学習の時間―町おこし」の開始

⑴　浦幌高等学校の廃校と教師の危機感

　「うらほろスタイル」の学校・地域の連携・協働による取り組み
の嚆矢となったのが、平成19（2007）年、浦幌中学校における「総
合的な学習の時間」の一環としてスタートした「町おこし」の取り
組みである。

　同年、浦幌中学校第3学年「総合的な学習の時間」の責任者であっ
た野村香織教諭によれば、前年度まで、浦幌中学校では、第3学年

43

[表1]「うらほろスタイルふるさとづくり計画」の成り立ち

		事	項	
			(10月) NPO法人「日本のうらほろ」設立	
年		子どもたちのための事業 (3)	魅力発見に関する事業 (①) 浦幌高校の廃校決定	講演会等企画運営・交流事業 (②④)
第Ⅰ期	H18 (2006)	(11/2) 子どもたちに浦幌の魅力を伝えるための懇話会①		(10/7)「うらほろフォーラム」2006
	H19 (2007)	(2/9) 子どもたちに浦幌の魅力を伝えるための懇話会② (2/15) 全町教職員対象アンケート（子どもたちに浦幌の魅力を伝えるためのアンケート） (6/8) 浦幌中学校「総合的な学習の時間－町おこし」①スタート (3/11) 浦幌中学校「総合的な学習の時間－町おこし」［町活性化企画案発表会］① (5/11)「うらほろ教育プロジェクト」第1回会議	(2月) 浦幌魅力MAP大作戦 (6月) 浦幌魅力探検ツアー	(5/17)「うらほろフォーラム」2007
	H20 (2008)	(6～12月)「うらほろスタイル推進地域協議会」（NPO法人「日本のうらほろ」+町+町教委）発行 「うらほろスタイルふるさとづくり計画」パンフレット・再編、「うらほろスタイルふるさとづくり計画」発行 ［地域への愛着を育む事業］［農村つながり体験事業］		
第Ⅱ期	H21 (2009)	(12月) 浦幌中学校「総合」発表会②（起業） (12月) 浦幌中学校「総合」発表会③（起業）	(8月) 夏季少年リーダー養成講習［民泊体験］ 受け入れ①	[子どもの想い実現事業]、他 (6月)「うらほろフォーラム」2008
	H22 (2010)	(9月) 小学校［民泊体験］① (12月) 浦幌中学校「総合」発表会④（地域開発）	(9月) 小学校［民泊体験］受け入れ①	(6月)「うらほろフォーラム」2009
	H23 (2011)	(4月) 浦幌町第3期まちづくり計画（総合計画） 基本目標③「うらほろスタイルを創出する教育・文化のまち」 全小学校の取り組みの整理と体系化 (9月) 小学校［民泊体験］② (12月) 浦幌中学校「総合」発表会⑤（地域開発）	(6月)「うらほろ食のプロジェクト」結成 (8月) 夏季少年リーダー養成講習［民泊体験］ 受け入れ② (9月) 小学校［民泊体験］受け入れ②	
	H24 (2012)	「うらほろスタイル教育プロジェクト」名称変更 ⇒「うらほろふるさと教育推進会議」③ (9月) 小学校［民泊体験］③	(9月) 小学校［民泊体験］受け入れ③	(1月)「子どもの想い実現WS」 （事務局：うらほろ地域おこし協力隊）

44

第2章　「うらほろスタイルふるさとづくり計画」の成り立ち

H25 (2013)	(10月) 小学校修学旅行「町PR」① (12月) 浦幌中学校「総合」発表会⑥(地域開発) (4月) 浦幌小学校内に「うらほろスタイル」担当教諭を配置	(2.11)「うらほろフォーラム」2013
H26 (2014)	(9月) 小学校「民泊体験」④ (10月) 小学校修学旅行「町PR」② (12月) 浦幌中学校「総合」発表会⑦(地域開発) 「うらほろふるさと教育プロジェクト」名称変更 ⇒「うらほろスタイル教育推進会議」 (4月) 組織体制変更 「うらほろスタイル推進地域協議会」会長：NPO法人「日本のうらほろ」理事長⇒町副町長 事務局：NPO法人「日本のうらほろ」⇒町役場（町づくり政策課） ＊「うらほろスタイル推進事業コーディネーター」（新設・業務受託：株式会社ノースプロダクション・うらほろ地域おこし協力隊） (4月) 校外コーディネーターとして「うらほろ地域おこし協力隊」配置 (9月) 小学校「民泊体験」受け入れ④	(4月)「若者のしごと創造事業」 (事務局：うらほろ地域おこし協力隊) (2.15)「うらほろフォーラム」2014
H27 (2015)	(9月) 小学校「民泊体験」⑤ (10月) 小学校修学旅行「町PR」③ (12月) 浦幌中学校「総合」発表会⑧(郷土振興) (4月) 小中一貫コミュニティ・スクールの導入 (9月) 小学校「民泊体験」受け入れ⑤	(3.8)「うらほろフォーラム」2015
H28 (2016)	(9月) 小学校「民泊体験」⑥ (10月) 小学校修学旅行「町PR」④ (10月) 浦幌中学校「総合」発表会⑨(郷土振興) (4月)「うらほろスタイル発展事業」(法人化・複合施設検討会議) 「高校生つながり発展事業」(「浦幌部」)/「複合施設基本構想策定WS」ならびに「同」検討会議 (9月) 小学校「民泊体験」⑤ (10月) 小学校修学旅行「町PR」⑤ (10月) 浦幌中学校「総合」発表会⑩(郷土振興) (9月) 小学校「民泊体験」受け入れ⑦	(2.7)「うらほろフォーラム」2016

第Ⅲ期

の「総合的な学習の時間」ではさまざまな作物を育てて収穫、販売するといった「農業体験」を行っていた。

だが、このような取り組みが、一方では地元唯一の高校・浦幌高等学校の平成22（2010）年度いっぱいでの廃校が決定（平成20（2008）年度募集停止）、したがって全員が町外への進学を余儀なくされることになる当時の中学３年生にとりふさわしいものかどうかとの意見が学校内であったこと、もう一方では町活性化に向けたNPO法人「日本のうらほろ」（後述）が設立されて、取り組みへの支援や協力も期待されたことから「総合的な学習の時間」全115時間のうち「修学旅行・郷土学習」に20時間を、「進路」に30時間を、「町おこし」に65時間をあてることとしたものであるという。

次にあげるのは、同年６月８日（金）、「総合的な学習の時間―町おこし」の第１回授業（オリエンテーション）で生徒に配布されたプリントからの引用である。

【テーマその１　（地域学習）】

今年の総合学習では、「うらほろ　町おこし」をテーマに活動していきます。生まれ育った土地「浦幌」、今現在生活をしている「浦幌」について深く考えたことはありますか。また、あなたは浦幌のことをどれだけ知っていますか。中学３年生であるあなたたちは、早い人で中学卒業後に地元を離れてしまいます。遅かれ早かれ一度は地元を離れ、進学したり就職したりしながら地元を離れます。今回そんなあなたたちに今しかできないことを、また大好きな「浦幌」のためにできることを「町おこし」として形にしようと考えました。みんなのアイディアを膨らまして浦幌を元気にしていこう‼

（テーマ設定の理由とねらい）…先生たちの願い

第2章 「うらほろスタイルふるさとづくり計画」の成り立ち

　これまでの浦幌中学校3学年では、地場産業の一つである農業を体験してきた。その中で農業の担っている役割の重要性を身をもって実感することができたように思う。しかし、浦幌には、農業だけでなくさまざまな魅力がありそこに住む子供たちがその魅力を再発見することにより、地域を愛する心を持ち、地域に貢献する気持ちを育むことができると考えた。また、本校生徒の卒業後の進学先が浦幌町外になることも少なくなく、卒業前の最後の1年間で浦幌の良さをよく知り、町のために自分たちができることを深く考え、将来、人のために貢献できる人材を育てたいと考えている。

　具体的には浦幌の良さを再発見し、浦幌の「町おこし」を企画・提案していく。これにより、自ら課題解決をし、自ら学び、考え、主体的に判断できる生徒を育てたい。

　浦幌高等学校が廃校となると、中学校卒業後、子どもたちは一度は町を離れることになる。将来、町に帰って来ない可能性も高くなる。子どもたちが町を離れて行ってしまう前に、子どもたちが町をよく知る機会を設けて、町への愛着を育んでおきたい。子どもたちが今しかできないことに取り組むことを通じて、町に貢献する気持ちを育んでおく必要がある。町の魅力を発見し、町活性化のための企画案を作成することで、自ら課題を解決し、自ら学び、考え、主体的に判断できる力を育んでおきたい。生徒たちに配布されたプリントからは、地元唯一の高校・浦幌高等学校の廃校決定に伴う子どもたちの将来を憂う、こうした教師の危機感・課題意識を読み取ることができる。

　浦幌中学校での「総合的な学習の時間—町おこし」の取り組み開始の背後には、地元唯一の高校・浦幌高等学校の廃校決定と、これに伴い子どもたちの将来を憂う教師の危機感や課題意識があったことが分かる。

3 NPO法人「日本のうらほろ」とその活動

⑴　NPO法人「日本のうらほろ」とその活動理念

　一方、NPO法人「日本のうらほろ」とは、平成18（2006）年10月、浦幌小学校でのPTA活動を通じた町活性化への機運の盛り上がりを受け、同校PTA会長でもあった東京出身の元漁師・近江正隆を理事長に、賛同者11名を発起人として設立されたNPO法人である。

　近江は昭和45（1970）年東京・目黒の生まれで、高等学校を卒業後、漁師を目指して北海道へ渡って各地を「放浪」、平成3（1991）年より浦幌町で漁業に従事した。平成12（2000）年にインターネットによる海産物の直販を開始、平成15（2003）年には楽天市場年間売り上げランキング（魚部門）で第1位を獲得したが、二度の転覆事故の経験から得た気付きから船を降り、株式会社ノースプロダクションを設立、都市・農山漁村交流を中心とする地域の持続可能性の実現を目指した各種事業に取り組んでいる[1]。

　NPO法人「日本のうらほろ」では活動拠点として「北のサザエさん家」を設置、都市住民との交流により地域住民自身が町の魅力に気付いていくと同時に、これを子どもたちにも伝えていくこと、子ども自身がこれに気付いていくことを取り組みの軸に、設立1年目には次のような取り組みを行った（NPO法人「日本のうらほろ」第1回通常総会議案書（平成19（2007）年10月19日））。

①　魅力発見に関する事業（料理コンテストの企画・魅力マップ作成事業等への協力）

②　講演会等企画運営事業（「うらほろフォーラム」の企画運営、イベント協力）

第2章　「うらほろスタイルふるさとづくり計画」の成り立ち

③　子どもたちのための事業（子ども部会の設置、子どもたちに浦幌の魅力を伝えるための懇話会、全町教職員対象のアンケートの実施、浦幌スタイル教育プログラム作成プロジェクト会議の設置と運営、学校教育総合学習における協力、社会教育事業への協力）

④　交流事業（北のサザエさん家を活用した町民体験企画の実施）

　③に「子どもたちのための事業」とあるように、「子どもを軸」とする「うらほろスタイル」の特徴は、同法人の上記のような活動理念を継承したものである。

　同法人がこのような活動理念に行きついたのは、地域の大人たちは、「子どものためなら」それぞれの利害やしがらみを越え、一致団結することができるということに気付くと同時に、子どもたちに地域の魅力を伝えていくことは自分たちの役割ではなく、子ども理解とその主体性を引き出すプロフェッショナル、すなわち教師の役割であることに気付いたことによるものであるという[2]。

⑵　学校・地域の連携・協働による取り組みへ

　さて、活動理念を「未来を担う子どもたちが、この町に自信と誇りを持てるサポートをする」ことに定めた「日本のうらほろ」が模索したのが、子どもたちが地域の魅力に気付いていくことができるような取り組みを、学校の教育課程において実施していくことの可能性、これを目指した学校・教師との連携である。

　そのため、同法人では2回にわたる「子どもたちに浦幌の魅力を伝えるための懇話会」を開催、学校で教師が「子どもたちに浦幌の魅力を伝えるため」の取り組みを行っていく上での課題とその解決策について検討している。

　第1回「懇話会」では、NPO関係者・地域住民有志を対象に、教師が学校において「子どもたちに浦幌の魅力を伝えるため」の取

49

り組みを行っていく上での課題が検討された（平成18（2006）年11月２日）。その結果、学校・教師の問題として「教師が地域を知らない」「教師に地域に関する情報が不足している」ことが明らかとなった。また、それと同時に地域の側にも「学校現場のニーズ」や「地域への要望」を知らないという問題があることが明らかとなった。学校で教師が「子どもたちに浦幌の魅力を伝える」取り組みを行っていく上で、学校・教師と地域の双方ともに、課題があることが明らかとなったのである。

　第２回「懇話会」では、こうした課題を解決していく方途が検討された（平成19（2007）年２月９日）。ここでは小・中・高等学校の教職員20名の参加を得て、学校現場の地域に対する要望・要求、ニーズを把握することが目指された。その結果、たとえば地域の人や物、産業等を網羅した地域マップの作成や、地域巡検等いった教師が地域理解を深めるためのプログラムや体験的学習の必要性が明らかとなった[3]。

　こうした課題に応えるための取り組みが、同年、さっそく実施されている。「浦幌魅力MAP大作戦」（平成19（2007）年２月）と、「浦幌魅力探検ツアー」（平成19（2007）年６月）がそれである。「浦幌魅力探検ツアー」は、町（博物館）主催事業にNPOが協力するという形で実施された。ここでは、教職員と地域住民とがバスに同乗して町内を巡り、地域の魅力を体感しながら再発見していくことが目指された。そしてここには、同年、浦幌中学校第３学年「総合的な学習の時間」の担当となった野村香織教諭も参加していた。

　このように見てくると、「うらほろスタイル」とは、地元唯一の高等学校・浦幌高等学校の廃校に伴い子どもたちの将来を憂う教師の危機感・課題意識と、町活性化を願う地域住民の想いの合流したところに成り立つものであったということが分かる[4]。

4 「うらほろスタイル教育プロジェクト」―学校・地域の連携・協働の取り組みへ

　浦幌中学校「総合的な学習の時間―町おこし」の取り組みは、平成19（2007）年9月、これが農林水産省の外郭団体・財団法人都市農山漁村交流活性化機構の「人づくりによる農村活性化支援事業」に採択されたことから弾みがつき、「学校の正式な取り組みとして位置付けてほしい」との教職員の声も受け、小・中学校の教員と保護者、町教育委員会社会教育係とで「プロジェクトチーム」を組織して、NPO法人「日本のうらほろ」を事務局に、そのコーディネートのもと、役場や教育委員会、小・中学校、農協・漁協・商工会や森林組合等、町内外の各種団体と地域住民の協力も得ながら取り組まれることとなった（「うらほろスタイル教育プロジェクト」）（図1）。ここに「うらほろスタイル」は、学校・地域の連携・協働による組織的な取り組みとして、スタートすることとなったということができる。

【図1】「うらほろスタイル教育プロジェクト」の推進体制

　表2は、平成19（2007）年度における「総合的な学習の時間―町おこし」のスケジュールである。平成20（2008）年3月11日には、

【表2】 浦幌町立浦幌中学校平成19年度「総合的な学習の時間―町おこし」スケジュール[5]

月	日	時数	内　容	
6	8	1	オリエンテーション―なぜ「町おこし」なのか	魅力発見
	13	1	「浦幌のよさを再発見」ワークショップ	
	14	2	博物館へGO！―うらほろの歴史・昔の生活・自然を調べる	
	26	1	講演「浦幌の歴史」（高橋悦子）	
7	2	1	「北海道中ひざくりげ～浦幌編～」鑑賞（NPO法人「日本のうらほろ」を知る）	
	3	5	町内バスツアー（第1回）（高橋悦子、まちづくり政策課長・佐藤芳雄）	
	17	2	バスツアー交流会（名所マップの作成・各名所のキャッチフレーズを作る）	
	18	1	講演「みんなの手で町づくりを」（副町長・門馬孝敬）	
9	12	1	浦幌の産業に関する調べ学習（農業・漁業・林業について）（第1回）	自信と誇りの芽生え
	21	2	浦幌の産業に関する調べ学習（農業・漁業・林業について）（第2回）	
	26	2	農業体験（タマネギの収穫）	
10	4	3	漁業体験（厚内漁港見学）	
	5	2	バスツアー（第2回）に向けた調べ学習①	
	11	2	バスツアー（第2回）に向けた調べ学習②	
	22	1	バスツアー（第2回）に向けた調べ学習③	
	23	5	バスツアー（第2回）（まちむら交流機構からの来浦者に浦幌町内を案内）	
	24	2	バスツアー交流会（道外の方からの感想、町づくりのヒント）	
	26	4	林業体験（枝の伐採・炭山見学）	地域への愛着
	31	1	販売体験に向けた講演会「販売のノウハウ」（ユーエム代表・和田料一郎）	
11	1	1	販売体験に向けた準備（当日の確認）	
	3	6	浦幌特産物販売イベント（「十勝を食べよう　秋を満喫フェア」参加（＠音更アグリアリーナ））	
	4	―		
1	29	1	町おこし発表会に向けて（第1回）（班編成）	地域に貢献しようと思う意識
2	6	1	町おこし発表会に向けて（第2回）（各班でPPTの作成、取材等）	
	12	2	町おこし発表会に向けて（第3回）（各班でPPTの作成、取材等）	
	21	2	町おこし発表会に向けて（第4回）（各班でPPTの作成、取材等）	
	29	1	町おこし発表会に向けて（第5回）（各班でPPTの作成、取材等）	
3	3	2	町おこし発表会に向けて（第6回）（各班でPPTの作成、取材等）	
	5	3	町おこし発表会に向けて（第7回）（各班でPPTの作成、取材等）	
	7	1	町おこし発表会に向けて（第8回）（各班でPPTの作成、取材等）	
	10	1	町おこし発表会に向けて（第9回）（各班でPPTの作成、取材等）	
	11	3	「町おこし」発表会当日	

＊全115時間のうち「進路」に30時間、「修学旅行・郷土学習」に20時間、「町おこし」に65時間を割り当てた。
＊取り組みには3年生A組(23名)、B組(23名)の2クラス(計46名)が参加した。
＊11月4・5日の「販売体験」には、2クラスが1日ずつ交替で参加した。

第2章 「うらほろスタイルふるさとづくり計画」の成り立ち

町長・教育長・役場関係者を含めて約50名の参加を得て、浦幌コスミックホールにおいて「町活性化企画（案）発表会」を開催、3年生46名が12班に分かれ、自分たちが作成した「町活性化企画（案）」の発表を行った。

表3は、この年中学生より提案のあった「町活性化企画案」の一覧である。この年提案のあった町キャラクター「ウラハとホロマ」は町の公式キャラクターとしても採用され、今では子どもたちにもすっかりおなじみの大人気のキャラクターとなっている（第1章参照）。町活性化に向けた企画案の作成・発表を目標に、行政担当者や町内外の専門家を招いての講話やバスツアー・産業体験・販売体

【表3】 平成19年度浦幌中学校「総合的な学習の時間―町おこし」企画一覧

班名	班員	企画内容
1A	6	新特産物を作る―ハマナシュー
1B	6	ハマナス茶
1C	6	ミルクラーメン
2A	5	新しいイベントを作る―スポーツフェスティバル
2B	5	クッキングコンテスト
3	5	イリジウムの活用
4	2	道の駅
5	3	流木の利用
6	2	みのり祭りの改善
7	2	森林公園について
8	2	浦幌の新聞の発行
9	2	町のキャラクター作り

＊元浦幌中学校・野村香織教諭提供資料により作成。

験といった体験的活動も踏まえて地域の魅力を発見し、「地域への
愛着」を深めていくこの取り組みが、子どもたちにとっては、いわ
ゆる課題発見・探求の能動的学習（アクティブ・ラーニング）の機
会となっていることにも注目しておきたい[6]。

5 「うらほろスタイル推進地域協議会」の結成

さて、浦幌中学校「総合的な学習の時間—町おこし」の取り組み
がスタートした翌年の平成20（2008）年、NPO法人「日本のうら
ほろ」と浦幌町、浦幌町教育委員会とにより「うらほろスタイル推
進地域協議会」が結成された。同協議会会長には「日本のうらほろ」
より近江正隆理事長が就任、以降、「うらほろスタイル」は、NPO
法人「日本のうらほろ」を事務局・中心として、町・町教育委員会
の支援・協力を受けつつ推進・展開されていくことになる（「民」
主導の取り組みへの「官」の支援）。

一方、この間には「地域への愛着を育む事業」「農村つながり体
験事業」「子どもの想い実現事業」への事業の整理・再編が進めら
れ、「地域への愛着を育む事業」「農村つながり体験事業」「子ども
の想い実現事業」という現在へといたる取り組みの原型が整えられ
た。その上で、平成20（2008）年中には、取り組みを紹介したパンフ
レット『うらほろスタイルふるさとづくり計画』も発行されている。

また「うらほろスタイル」は、平成23（2011）年4月、『浦幌町
第3期まちづくり計画』に基本目標③「うらほろスタイルを創出す
る教育・文化の町」として盛り込まれ、明記されることとなった。
同『まちづくり計画』は町議会の議決を経て策定される町の正式な
総合基本計画であるが、ここに「うらほろスタイル」が盛り込まれ、
明記されることとなったというこうした事態は、これが町づくりの
基本方針として公的に位置付けられたことを意味する。

第2章 「うらほろスタイルふるさとづくり計画」の成り立ち

　一方、うらほろスタイル推進地域協議会では、平成26（2014）年
4月、会長をNPO法人「日本のうらほろ」理事長から副町長へ、
事務局も「日本のうらほろ」から役場町づくり政策課へとする組織
体制の変更を行っている。実質的なコーディネート・推進業務に
は、町から委託を受けた町内の企画会社・株式会社ノースプロダク
ション（近江正隆代表取締役）と、その指示を受けた「うらほろ地
域おこし協力隊」が「うらほろスタイル推進事業コーディネーター」
として協力して当たっているが（第1章（図7）参照）、「協議会」
会長を町副町長に、事務局も役場町づくり政策課とする組織体制の
変更の意味するところは、「民」（NPO）主導の取り組みに対する
「官」（町・教委）の支援という形において推進・展開されてきた
「うらほろスタイル」の、「官」主導の取り組みへという推進主体
の制度上の変更である。

　このように、「うらほろスタイル推進地域協議会」の平成20（2008）
年度以降における展開過程を見ると、それが、「民」主導の取り組
みから「官」主導の取り組みへの、いわば「逆移管」を進めつつ、
発展・展開を遂げてきたということができる。

6　おわりに　成り立ちから見た「うらほろスタイル」の特徴

　以上、本章では第1章に明らかにした「うらほろスタイル」の特
徴と関わって、とりわけその「ボトムアップ」という点に注目しつ
つ、その成り立ちについて述べてきた。以下では、以上述べてきた
ことに基づいて、改めてその成り立ちの特徴について述べ、第Ⅰ部
結びに代えたい。

⑴　ボトムアップによる取り組みのトップダウンによる位置付け

　「うらほろスタイルふるさとづくり計画」の成り立ちに見る特徴
の第一は、ボトムアップにより成り立った民間の有志（民）による

取り組みを、トップダウンにより行政（官）の正式な取り組みとして位置付けながら発展・展開を遂げてきているという点である。

　この点について、より具体的に述べてみたい。図2は、「うらほろスタイルふるさとづくり計画」における成り立ちを、上記のような観点から図示してみたものである。

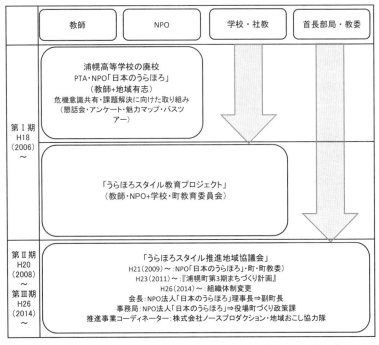

【図2】「うらほろスタイルふるさとづくり計画」の成り立ち

　町活性化を目指すNPO法人「日本のうらほろ」と、浦幌高等学校の廃校の決定を契機に子どもたちの将来を憂う教師との私的な連携・協働の取り組みとして開始された浦幌中学校「総合的な学習の時間―町おこし」の取り組みは、学校の取り組みとして正式に位置付けてほしいとの現場教師の声を受け、学校・町教育委員会（社会

第2章　「うらほろスタイルふるさとづくり計画」の成り立ち

教育係）や各種団体を巻き込んだ「うらほろスタイル教育プロジェクト」の結成へといたる。背景としては、現場教師の声の他、財団法人都市農山漁村交流活性化機構「人づくりによる農村活性化支援事業」（平成18（2016）年〜平成20（2008）年度）に採択されたことによる財源確保も大きかったと考えられるが、教師・NPOの私的な連携・協働の取り組みとしてスタートした浦幌中学校「総合的な学習の時間」の取り組みは、「うらほろスタイル教育プロジェクト」の組織化を契機に、学校における正規の教育課程における取り組みとして位置付けられ、オーソライズされていくことになったわけである。

　こうして結成された「うらほろスタイル教育プロジェクト」を組織的な基盤とし、平成20（2008）年4月には、町と町教育委員会をも巻き込み「うらほろスタイル推進地域協議会」を結成、平成23（2011）年には町の総合基本計画としての『浦幌町第3期町づくり計画』にも位置付けられていく。前節に述べたように、このことは、「うらほろスタイル」が、町の正式な地域づくりの取り組みとして位置付けられ、正当性を付与されたことを意味すると考えられた。平成26（2014）年度には組織体制の変更により、民間（NPO法人「日本のうらほろ」）から町・役場主導の取り組みへの「逆移管」が進められたことについてもすでに述べたが、このことにより、「うらほろスタイル」の取り組みの継続性の実現に向けた組織的基盤も盤石なものになりつつあると考えられる。

　このように、「うらほろスタイルふるさとづくり計画」の成り立ちの特徴の第一は、「民」主導によるボトムアップによる取り組みが、トップダウンにより「官」の取り組みとして正式に位置付けられつつ、発展・展開を遂げてきているという点にある。

57

(2)　課題意識を共有し、賛同者を増やしていくためのしかけとして
　　の第三者による評価の獲得と情報発信

　第二には、「うらほろスタイル」のボトムアップの成り立ちにおい
いて、課題意識を共有し、賛同者を増やしていくためのしかけとし
て、第三者からの評価の獲得と、そのための情報発信があったとい
うことである。

　たとえば、平成18（2006）年、NPO法人「日本のうらほろ」の
発足とほぼ同時の10月７日、同法人では、釧路公立大学・小磯修二
教授をコーディネーターとして、第１回目となる「うらほろフォー
ラム」を開催している。同法人、ないし平成23（2011）年度以降に
あっては「うらほろスタイル推進地域協議会」では、年度により時
期は異なるものの、同様のフォーラムを例年のように開催してきて
いる。

　外部識者も招いて開催されるこのフォーラムは、参加者（町民・
外部からの参加者）どうしで取り組みの進捗状況や成果・課題を共
有すると同時に、外部の第三者からの評価も得て取り組みの意義を
再確認することにより課題意識を共有し、町内・町外からの取り組
みへの賛同者を得る重要な機会となっていると考えられる。第三者
からの評価の獲得との観点から見れば、財団法人都市農山漁村交流
活性化機構の「人づくりによる農村活性化支援事業」（2006～2008
年度）への採択も重要な契機となったと考えられよう。

　そうした危機意識の共有や、第三者の評価の獲得の前提となるの
が情報発信である。NPO法人「日本のうらほろ」、うらほろスタイ
ル推進地域協議会では、冊子（パンフレット『うらほろスタイルふ
るさとづくり計画』）発行、新聞・雑誌といったマス・メディアへ
の掲載その他、情報発信を広く行っているが、これらは、外部の第
三者からの評価も得て取り組みの意義を再確認することにより、課

第2章　「うらほろスタイルふるさとづくり計画」の成り立ち

題意識を広く共有し、町内・町外からの取り組みへの賛同者を得て
いくための重要な下地となっていると考えられる。

⑶　プロジェクト・マネージャーないしコーディネーターの存在

　第三に、「うらほろスタイルふるさとづくり計画」の成り立ちの
特徴として、上記のような過程を統括し、それを差配するコーディ
ネーターの存在を指摘することができる。平成18（2006）年度、浦
幌小学校PTA会長としてNPO法人「日本のうらほろ」の設立に尽
力し（設立発起人代表）、同法人が設立されてからは同法人理事長、
初代「うらほろスタイル推進地域協議会」会長をつとめ、現在は「う
らほろスタイル事業コーディネーター」として「うらほろスタイル
ふるさとづくり計画」の推進・事業コーディネートに当たる近江正
隆氏の存在である。

　学校・教師と地域住民、地域住民相互をつなぎ、町内（地域住民）
と町外（外部第三者）とをつなぐ、いわば「プロジェクト・マネー
ジャー」ないし「コーディネーター」としての同氏の存在なしには、
地域づくり計画としての現在の「うらほろスタイルふるさとづくり
計画」の発展は見ることはなかったのではなかろうか。平成27
（2015）年12月21日に手交された中央教育審議会答申「新しい時代
の教育や地方創生の実現に向けた学校と地域の連携・協働体制の在
り方と今後の推進方策について」でも、その実現に向け、学校内に
おいてこれを推進する「地域連携担当教員」（仮称）と同時に地域
においてそうした役割を担う、「地域コーディネーターとなる人材
の育成・確保」や「統括的なコーディネーターの必要性」が明記さ
れている。

　以上、第Ⅰ部では、「地域とともにある学校づくり」の先進事例
として全国的な注目を集める「学校発」の地域づくり──「うらほろ
スタイルふるさとづくり計画」を取り上げ、その成り立ちおよび成

59

り立ちの特徴を明らかにしてきた。すでに述べたように、平成27
(2015) 年度、浦幌町教育委員会十勝管内で初となるコミュニ
ティ・スクールを導入した。その目的や現段階における取り組みに
ついてはすでに述べたが、北海道教育大学釧路校ではうらほろスタ
イル推進地域協議会と連携し、持続可能な地域づくりに「学校の中」
から貢献していく人材—「地域創造型教師」養成に取り組んでいる。
「学校発」の地域づくり「うらほろスタイル」の取り組みの展開と
さらなる発展に大学としても貢献しつつ、今後も注目していきたい
と考えている[7]。

[参考文献等]

(1) 近江正隆『だから僕は船をおりた　東京生まれの元漁師が挑む、フード
アクション！』講談社、2010

(2) この間の経緯について、近江は自身の著作の中で次のように述べている。

　　2007年のことだ。僕は娘のPTA活動を通じてそこに参加した大人たち
が各々の利害やしがらみを越えて、「子どもたちのためなら」という想い
でならまとまれることに気づいた。そして今まで大人たちを巻き込もう
としていつも上手くいかなかった、自分のやろうとしている活動の大き
なヒントを見つけたのだった。
　　「もしかしたら、子どもがキーワードなのではないのか」
　　そこで活動の方針を「未来を担う子どもたちが、この町に自信と誇り
を持てるサポートをする」ということに絞ろうと考えた。地域の未来は、
結局はこの地で生まれ育った子どもたちの未来そのものなのだ（前掲(1)、
pp. 92-93）。

(3) これをふまえて２月15日には全町教職員を対象として、「子どもたちに浦
幌の魅力を伝えるためのアンケート」を実施している。内容はつまびらか
ではないが、「風の人」である教職員から見た浦幌町の魅力や、それを子ど
もたちに伝えるための手段について、意見や感想が求められたものと推測
される。

第2章 「うらほろスタイルふるさとづくり計画」の成り立ち

⑷ この点について、当時同校校長であった高橋康伸は次のように述べている（高橋康伸「地域の伝統や文化をテーマにした実践」佐藤真編『中学校新学習指導要領の展開—総合的な学習編』明治図書、p. 194、2008）。

　　この活動を支えたのが、NPO法人「日本のうらほろ」による「うらほろスタイル教育プロジェクト」である。「うらほろスタイル」は、「日本のうらほろ」が設立当初から掲げる概念であり、自ら生活する地域を見つめ直し、魅力と価値を発見することによって、町の発展に貢献する自発的意識を育てることをねらいとしていることから、今回の活動のコーディネーターとして大いに支援してもらうこととなった。地域の教育力なくしては「総合的な学習の時間」はなかなか展開しない。この十分な条件整備や地域と学校の信頼関係が基盤となって、推進できたものと考える。

⑸ 財団法人都市農山漁村交流活性化機構（まちむら交流きこう）『平成19年度地域に根ざした教育プログラム取組事例』2008、及び元浦幌中学校・野村香織教諭提供による発表会当日配布資料より作成。

⑹ この点について、高橋康伸（元浦幌中学校校長）は次のように述べている（前掲⑷、p. 194）。

　　産業体験等、多くの体験活動を行ってきたが、体験だけで終わることなく、体験活動を行うことによって生徒の学習をいっそう充実したものにしていく必要がある。協同して問題を解決しようとする学習活動や言語によりまとめたり、表現したりするという学習活動を大切にしてきた集大成が、この発表会なのである。

また、取り組みの後、子どもたちからは次のような感想が寄せられたという（前掲⑷、p. 194）。
　・この総合学習を通じて、浦幌のよさを知ることができて本当によかったです。12の企画の中から一つでも実現されればいいなと思いました。この先どこへ行っても浦幌という町に誇りを持ち続けていきたいです。
　・今までは浦幌町を全然知らなかったから自慢することができなかったけど、この総合学習をやってからは浦幌町を自慢できるように

61

なったし、浦幌町の現状を学ぶことができてよかったと思う。浦幌
高校は募集停止になったので、浦幌から出ていく人が多くなると思
うけど、浦幌町を変えることはできると思うので、できることを進
んでやっていこうと思った。

・この総合学習の活動自体が町おこしとなっているのではないかと思
う。終わってから達成感がこみあげてきて、この活動をしてよかっ
たと思った。

(7) 宮前耕史・添田祥史「『地域創造型教師』養成に向けたプログラム改善—
うらほろスタイル推進地域協議会と連携した釧路校地域教育開発専攻地域
教育分野の取り組み—」『北海道教育大学紀要（教育科学編）』第65巻第2号、
2015

第Ⅱ部

全国事例

● **第3章** ●

NPOによる学校での地域・環境教育に対する支援活動の展開
―北海道浜中町・霧多布湿原ナショナルトラストの事例から―

1 はじめに

　本章では、NPOによる地域内の学校におけるまちづくり、環境保全に関連する教育（以下、地域・環境教育活動）を対象にした支援活動をテーマに、北海道浜中町を活動拠点にしている環境NPO「霧多布湿原ナショナルトラスト」の取り組み事例を紹介する。

　浜中町では、これまで環境NPOや農協、移住者など多様な主体が担い手となる形で環境保全を軸としたまちづくり活動が活発に展開されてきた。近年では、町内の小中学校での自然体験学習プログラムの実施、町内に唯一存在する高校においての地元地域に特化した独自の教育活動への着手など、地域・環境教育活動の活性化を模索する動きが出始めている。

　霧多布湿原ナショナルトラストは、詳しくは後述するように、湿原保全を活発に展開している環境NPOとして全国的に知られている。近年では、浜中町における各種のまちづくり活動に関与し、それらで主要な役割を担うとともに、上記の町内の学校における地域・環境教育に対する支援活動にも取り組んでいる。

　本章では、まず、霧多布湿原ナショナルトラストの組織、活動の

概要を紹介するとともに、同団体が浜中町内でのまちづくり活動において担ってきた活動機能を整理する。次に、学校レベルでの地域・環境教育活動について、霧多布湿原ナショナルトラストの関わりを中心に紹介した上でNPOが学校の教育活動において担う役割について整理する。最後に、浜中町における今後の地域・環境教育活動の推進方策について考察する[1]。

本章の記述は、各種関連資料の収集・分析のほか、筆者自身の霧多布湿原ナショナルトラストの各種活動への参加を通して行った参与観察調査（平成23（2011）年〜平成28（2016）年）、同団体ならびに浜中町内の関連活動関係者を対象にしたインタビュー調査などに基づいている[2]。

2　浜中町の概要

北海道厚岸郡浜中町は、北海道東部の釧路市と根室市の間に位置する、面積423km²（東西33km、南北29km）の自治体である（図1）。元禄14（1701）年に松前藩のキイタップ場所が開かれたのがまちのはじまりとされ、明治39（1906）年に浜中村、昭和38（1963）年に浜中町となっている[3]。

人口は、ピーク時には1万人を超えていたが、近年は減少傾向が続き、現在は約6,200人（平成27（2015）年3月末時点）

【図1】　浜中町の位置
＊「白地図　Ken Map」を使用して作成

となっている。町内の小中学校も統廃合が相次ぎ、現在は小学校4校、中学校3校、小中併設校1校となっている。これに加えて浜中町には、本稿において後ほど詳しく取り上げる町立の高等学校が1校存在している。

現在の主要産業は漁業と農業であり、町内の就業人口の約50%（平成17（2005）年国勢調査）を第1次産業が占めている（農業695人、林業2人、漁業1,536人）。漁業は、昆布、サケ・マス、ウニ、ホッキなどを対象にした漁が、農業は乳牛飼育をはじめとする酪農が中心となっている。

町の東南は太平洋に面し、漁業が盛んな地域となっており、北部はなだらかな丘陵性台地を形成しており、酪農業が盛んに行われる地域となっている。町の中央部を釧路市と根室市を結ぶJR根室本線（花咲線）と国道44号線が通っている。また、沿岸地域の中央部には、厚岸道立自然公園の一部であり、かつ平成5（1993）年にラムサール条約（正式名称：「特に水鳥の生息地として国際的に重要な湿地に関する条約」）の登録湿地となった霧多布湿原が存在する（写真1）。同湿原は、日本国内では有数の規模の面積（3,163ha）を有するとともに、「花の湿原」として知られ、浜中町の主要な観光地となっている。

先述したように、このような豊かな自然環境やそれをもとにした産業が存在することから、浜中町では環境保全やまちづくりに関連する活動が複数の担い手によって展開されてきた。例えば、本稿において詳しく述べる霧多布湿原の保全活動のほかに、「浜中町農業協同組合」（以下、JA浜中）による取り組みなどがあげられる。JA浜中は、高品質な牛乳生産、新規就農者育成などをはじめとする酪農業の活性化を活発に行う組織として知られている。特に新規就農者育成については、研修牧場の設置・運営、町役場と連携した新規

【写真１】　霧多布湿原（琵琶瀬展望台より）

就農者に対する牧場の紹介、農機具のリースなどを行っており、現在では、組合員世帯の約２割を新規就農者が占めるまでに至っている。さらには、環境調和型の酪農を目指した地域環境保全にも積極的に取り組んでおり、具体的には、後述する緑の回廊計画をはじめとして、イトウの遡上する川創り、酪農家による太陽光発電導入の促進などの活動を展開している。

３　霧多布湿原ナショナルトラストの活動

(1)　霧多布湿原ナショナルトラストの組織概要と活動展開過程

　認定NPO法人「霧多布湿原ナショナルトラスト」（以下、トラスト）は、「霧多布湿原のファンを広め、霧多布湿原を保全し、自然が豊かで持続可能な幸せな世界を未来の子どもたちに残す」[4]ことを組織ミッションとして掲げている。トラストの主要な事業として全国的に知られているのは、全国の市民から寄付を募り、集まった資金で霧多布湿原ならびにその周辺の民有地を買い取り、保全・再生を行う、ナショナルトラスト方式の環境保全活動である。平成27（2015）年度末の時点で、職員は11名、年間予算約8,500万円（平成27（2015）年10月〜平成28（2016）年９月）、個人会員約2,150人、法人会員約130団体である。

　トラストの特に初期段階の成り立ちについては、伊東俊和「環境保全による町づくり」などに詳しいが[5]、複数の前身団体の設立、

第3章　NPOによる学校での地域・環境教育に対する支援活動の展開

発展的解消、名称変更などを経て現在の組織に至っている。トラストの起源となるのは昭和59（1984）年に設立された任意団体「霧多布湿原にほれた会」である。首都圏出身で大手企業に勤務していたA氏が、旅行で訪れた霧多布湿原とその周辺の集落などの景観に感動し、勤務先を退職して浜中町に移住、霧多布湿原が見渡せる場所に喫茶店を開いたことが原点となっている。その喫茶店に町内の若者や地元高校の教員などが集まり、交流を深める中で、自分たちが子どもの頃に行っていた湿原での遊びをもう一度してみようということになり、その活動の参加呼びかけ主体として、ほれた会が設立された。

　この当時のことについて、ほれた会の設立メンバーで現在はトラストの役員を務めるB氏は、「地元出身者の多くは、湿原は当たり前の存在であり、貴重なもの、守らないといけないもの、といった意識は全く持っておらず、むしろ邪魔なものという考えもあった。そんな中に、都会からA氏が移住してきて、彼と話をしてみると、湿原や浜中の素晴らしさを指摘され、だんだん自分たちのまちのよさに気付かされてきた」、と述べている[6]。外部から移住してきたA氏の存在が触媒となり、町内の若者が刺激を受け、地元の自然環境に興味関心をもつようになったことが、現在のトラストにつながる霧多布での活動が生まれたきっかけになっている。

　ほれた会では、湿原での花見や釣り、ジャムづくり、バーベキュー、歩くスキー大会の開催などの取り組みが行われた。加えて、町内住民向けに霧多布湿原のいいところなどを紹介する記事を掲載した会報を発行し、月1回新聞折り込みで住民に配布する活動も行っている。

　昭和61（1986）年、ほれた会のメンバーは同団体を解散し、新たに「霧多布湿原ファンクラブ」を設立した。同団体では、霧多布湿

原の保全を具体的に進めていくことを目的に、湿原内の民有地を所有する地主からの借り上げ、町役場との保全地の協定締結などの取り組みが行われた。さらに、現在も続けられている取り組みとして、来訪客に湿原を身近に見て触れてもらうための木道の整備作業を、団体メンバーや地元住民、団体会員企業の社員らのボランティアによる市民参加型の事業として実施している。

　平成12（2000）年には、ファンクラブを発展的に解消する形で、NPO法人格を有する新団体「霧多布湿原トラスト」が設立される。同団体では、湿原の保全をより確かなものとするため、全国からの寄付金を原資に、民有地を買い取り、団体が所有・管理するナショナルトラスト活動を断続的に実施している。現在では、湿原内の民有地にとどまらず、湿原を流れる河川の源流部や湿原を見渡せる展望地周辺、町内の別水系の湿地など、霧多布湿原を取り囲む自然環境の保全も進めている。湿原内に存在する民有地の面積は1,200haであり、トラストが買い取った土地は平成27（2015）年6月末時点で約850haになっている。

　その後、平成16（2004）年には、北海道内では初めてとなる認定NPO法人になり、さらに平成23（2011）年には団体の名称を「霧多布湿原ナショナルトラスト」に変更し、現在に至っている。これらの活動により、トラストはこれまでに、「第3回エコツーリズム大賞」（環境省主催）、「全国地域づくり推進協議会会長賞」（国土交通省主催）（いずれも平成19（2007）年）などを受賞するなど、その活動は全国的にも高い評価を受けている（表1）。

⑵　霧多布湿原センターを拠点にした活動の展開

　浜中町内には、平成5（1993）年に町が開設したビジターセンター「霧多布湿原センター」（以下、湿原センター）がある。トラストは、平成17（2005）年から指定管理者として湿原センターの管理・

第3章　NPOによる学校での地域・環境教育に対する支援活動の展開

【表1】　霧多布湿原ナショナルトラストの活動年表

1986. 8	「霧多布湿原ファンクラブ」発足 湿原民有地仲の浜地区30haを借り上げ保全開始
1988. 6	霧多布湿原仲の浜木道（600m）設置
1992. 5	琵琶瀬地区15haを借り上げ「奥琵琶瀬野鳥公園」として整備 「第10回朝日森林文化賞」受賞
1993. 6	霧多布湿原、ラムサール条約に登録
1996. 3	民有地3haを借り上げ「橋本湿原公園」完成
2000. 1	NPO法人「霧多布湿原トラスト」設立
2000. 7	霧多布湿原のナショナルトラスト運動開始
2000. 9	「霧多布湿原トラストインフォーメーションセンター」オープン
2001. 7	湿原復元調査・実験地廃屋撤去作業
2001. 11	霧多布湿原、北海道遺産に認定
2002. 12	「霧多布湿原ファンクラブ」東京誕生 セブン-イレブンみどりの基金とパートナーシップ協定を締結
2004. 6 10	北海道内第1号の認定NPO法人となる 民有地15haを買い上げ「奥琵琶瀬野鳥公園」を整備
2005. 4 5	指定管理者制度により「霧多布湿原センター」の運営開始 環境省「第1回エコツーリズム大賞」特別賞受賞 「霧多布湿原ファンクラブ」北海道誕生
2006. 1 4 7	「地域づくり総務大臣賞」受賞 きりたっぷ子ども自然クラブ開始 「霧多布湿原ファンクラブ」鹿児島誕生
2007. 5 12	ワンデイシェフ開始 環境省「第3回エコツーリズム大賞」大賞受賞
2008. 2 10	ファンクラブ東京結成5周年記念式典開催 浜中町と霧多布湿原景観保全協定締結 三郎川魚道作成事業
2009. 2	霧多布湿原50万坪（137ha）湿原買取プロジェクト実施
2010. 4	霧多布湿原センターの指定管理者契約更新
2011. 2 4	「霧多布湿原ナショナルトラスト」に名称変更 東日本大震災の救援活動、お茶碗プロジェクト実施
2012. 2 4 12	霧多布湿原買上保全エリアを湿原周辺の森に拡大 海と湿原のつながり調査プロジェクト開始 「霧多布湿原ファンクラブ全国交流会」開催（ファンクラブ東京主催）
2013. 5 8	仲の浜エゾカンゾウ群生地電柵設置 霧多布湿原ナショナルトラスト30年の歩みと東京ファンクラブ10周年記念展示開催
2014. 5 12	琵琶瀬地区エゾシカ対策委員会に協力 「北海道社会貢献賞」受賞

＊霧多布湿原ナショナルトラスト・団体紹介パンフレットをもとに作成

【写真2】 霧多布湿原センター

【写真3】 湿原でのエコツアー

運営を担っている。湿原センターは、湿原と森林の境目の高台に位置し、広い展望ホールからは霧多布湿原と沿岸集落、海や島などが一望でき、館内には、カフェ、ミュージアムショップ、会議室、図書・資料コーナー、浜中町内の自然環境等に関する展示コーナー、子供用の遊戯スペース、などが設けられている。

湿原センターにおいてトラストは、湿原センターの施設維持管理、センター内のカフェやミュージアムショップ、展示の企画・管理、来館者の対応などの運営を担うだけでなく、同センターを拠点に、環境教育プログラムの実践やエコツーリズムの推進、文化的イベントの開催、町の特産物のPR、など各種の自主事業を活発に展開している。

指定管理者になる前のトラストの運営は、メンバーのほぼ無償のボランティア活動によるものであったが、湿原センターの管理・運営を担うようになったことを機会に、道内外の若手人材を専従職員として雇用し、主に湿原センターを拠点にした各種事業を専門的に担当する体制に変わることになった。以下では、湿原センターを拠

点に実施されているトラストの事業のいくつかを紹介する。

① 「海と湿原のつながり調査プロジェクト」

　霧多布湿原から流れ出る栄養分が浜中町の魚介類に与えている恩恵を科学的に明らかにし、「湿原の恵みを受けた海産物」としてブランド力を向上させることを目的に、地元漁協と連携して実施している事業である。道内の大学や研究機関に所属する専門家の協力を得て、湿原内を流れる河川ならびに河口部周辺の海の水質調査や住民が参加したホッキ貝の産地別食べ比べ会、調査の成果報告会などを実施している。トラストは、実施主体として事業の企画、進行管理のほか、上記の専門家と漁業関係者の橋渡し役を担っている。

② 「緑の回廊計画」

　過去の牧場の開拓によって森や湿地などが分断され、野生動物が行き来、生息しにくい状況になってしまった環境の回復を目指して、JA浜中が中心となり、現在の酪農の生産活動に支障のない土地に植林を進めていくことを目的にした事業である。酪農地帯を流れる河川をイトウも生息できる環境に戻すことを目指した魚道づくり、維持管理なども行っている。これらの事業には、JA浜中職員や酪農家のほかに、町内のトラスト以外の環境NPOや町内に生乳工場を有する企業の社員、詳しくは後述する若手酪農家などによって設立された浜中グリーンツーリズム研究会、霧多布高校の生徒なども参加している。トラストは、連絡窓口役として、参加団体間の連絡調整などを行う役割を担っている。

③ 「エゾシカの食害対策」

　近年、霧多布湿原では、エゾシカによる植物の食害が深刻化しており、特にエゾカンゾウの被害が目立つようになっていた。そこで、湿原に隣接する同町仲の浜地区ならびに琵琶瀬地区の自治会、浜中町観光協会、トラストが連携する形でエゾシカ対策委員会を設

立し、町の助成金を得て、シカ柵の設置作業、維持管理を住民主導で実施している。平成26（2014）年度末時点で計4kmに渡ってシカ柵が設置された結果、事業実施後、エゾカンゾウの開花状況が近年には見られなかったほど良好になり、多くの観光客が訪れるようになっている。

④　「くらしのしっぽ市」

　「浜中町をもっと魅力的で住みたい町にするために一緒に考え、動き、楽しみ、ともに変えていく仲間を増やす」ことを目的に、毎年5月に湿原センターにおいてマーケットイベントを開催している。イベントの開催に当たっては、住民有志による実行委員会を立ち上げ、企画、準備を進めるが、トラストはその事務局役を担っている。「音楽・アート」、「ワークショップ・体験」、「おいしいマーケット」、「ものづくりマーケット」などのテーマに基づき、平成26（2014）年には17団体、28個人が出店をしている。また、このイベントにおいては、町内の中学、高校生もボランティアとして参加している。

⑤　「ワンデイシェフ」

　定期的（基本的に月1回）に町内外の希望者（プロ・アマ問わず）が湿原センターのカフェを1日借りて、浜中町の特産物等を活用した料理を客に提供するイベントである。平成26（2014）年はすべての回において用意した食事数が完売するなど、人気を博している。トラストは、イベントの広報、湿原センターのスペースの貸し出しにとどまらず、日頃から付き合いのある地元のJA浜中や漁協からの食材の調達の代行などを行う役割を担っている。

⑥　「浜中グリーンツーリズム研究会」

　浜中グリーンツーリズム研究会は、町内の若手酪農家を中心とする住民有志が設立した任意団体である。酪農体験などの企画、冬季のアイスキャンドルナイトなどのイベント開催など、グリーンツー

リズムの活性化、住民自らが浜中での生活を楽しむ活動の実践などを目的にした各種の取り組みを展開している。トラストは、グリーンツーリズム研究会の事務局を担っており、町外からの連絡窓口、各種企画・実践時の支援役などを担っている。

⑦　「ハマナカルチャーショックツアー」

　北海道教育大学釧路校・地域社会と環境研究室の学生が浜中町をフィールドに２年間実施した研究の成果として、道外の若者に浜中町の自然、産業、人の魅力を伝えるツアーを企画し、平成27（2015）年２月に京都の大学生が参加して３泊４日のツアーを実施した。ツアーでは、霧多布高校の生徒との交流会、先述の浜中グリーンツーリズム研究会との連携による酪農家宅での民泊、冬の遊び体験、アイスキャンドルナイトへの参加等を通じた地元住民との交流等が行われた。トラストは共催団体として、学生に対する助言・支援、町内の協力者との連絡調整、各種準備等の役割を担っている。

⑧　「きりたっぷ子ども自然クラブ」

　浜中町内の自然に子供が親しみ、学ぶことを目的にトラストが主催して実施している環境教育事業である。平成26（2014）年度は11回のプログラムが実施されている。湿原での散策や釣り、料理体験などの霧多布湿原をフィールドにしたプログラムだけでなく、町内の廃校を活用したキャンプや酪農体験等を町内のNPOや漁協、浜中グリーンツーリズム研究会などと連携して実施するなど、浜中町内の各種地域資源を活用した教育プログラムとなっている。

　これらの事業以外にも、湿原センターを拠点にした事業として、道外の高校などの修学旅行生の受け入れ、地元住民やトラストの団体会員となっている企業の社員有志、霧多布高校生などが参加して毎年実施している霧多布湿原内の木道補修、JICA研修の受け入れ、

などの取り組みが実施されている。

　全国各地の国立・国定公園、自然公園等にはビジターセンターが設置されているが、そうした施設で実施されている事業は、どちらかというとその対象が観光客などの地元外の人々であったり、テーマが周辺の自然環境に特化している場合が多いと考えられる。これに対して、湿原センターで実施されている事業は、町内の地元住民や団体を対象にしていたり、あるいはそれらの主体との連携・協力により実施している事業が多い。また、事業のテーマも湿原の保全を中心としつつ、地元の食や文化、産業など、町内の多様な社会経済活動に関連付けられた内容となっている。

(3)　霧多布湿原ナショナルトラストの活動の特徴と機能

　トラストの活動をまとめると、活動の対象領域は、ほれた会の設立からナショナルトラスト方式の活動を中心にしていた時期までは、「霧多布湿原の保全」に特化していたが、主に湿原センターの指定管理者となった頃を境にして、湿原の保全という活動の軸は維持し続けながらも、それだけにとどまらず、地域の社会経済活動の活性化にまで拡大していったと捉えることができる。トラストは、全国的には自然環境保全の環境NPOとして知られてきたが、近年の同団体は、自然環境保全ならびにそれを軸にした地域の活性化、すなわち「環境まちづくり活動」に取り組むNPOとも捉えることができる。

　長年トラストの事務局長を務めてきたA氏は、平成13（2001）年に執筆した原稿において「（霧多布湿原保全）活動の目的は、単に自然を残すということだけではなく、そのことを住みやすい町づくりに結び付けていくことだ。（中略）環境の保全は町づくりの一形態と言えないだろうか」[7]と述べており、トラストはかなり早い段階から環境まちづくり活動を展開する志向性を有していたことが分

かる。

　また、現在のそうした環境まちづくりを意識した活動において特徴的なのは、多くの事業が、トラスト単独ではなく、町内の住民やJA浜中、漁協、高校など、地域の多様な主体と連携した取り組み、いわゆる「地域協働型」の活動になっているという点である。そして、そうした活動においてトラストは、町内の各種団体に対する活動場所や機会の提供、情報提供・助言をはじめとして、複数の主体が参加する事業での主体間の調整、進行管理、事務局・問い合わせ窓口などの役割を担う取り組みを行っている。

　これらから、近年のトラストは、地域協働型の環境まちづくり活動において他主体の活動支援、複数の主体間の仲介・調整役を担う、「中間支援・コーディネート型」の機能に基づいた活動を展開していると捉えることができる。

4　学校を対象にした地域・環境教育活動の支援活動

⑴　小中学校における自然体験学習プログラム

　ここからは、トラストが実施している町内の学校を対象にした地域・環境教育の支援活動について見ていきたい。トラストは、これまで紹介してきた環境まちづくり活動の一環として、近年、町内における地域・環境教育活動の支援にも積極的に取り組んでいる。

　第一に、トラストは湿原センターの事業として、町内の小中学校の総合的な学習の時間内で実施される自然体験（湿原）学習のプログラムの企画・提案、ガイド・講師役などを担う取り組みを実施している。平成26（2014）年度は、町内小中学校の大半にあたる7校において、計30回のプログラムを実施している。プログラムの実施にあたっては町教育委員会から財政的な支援を受けている。

　実施内容は表2の通りである。プログラムの内容は季節に応じた

【表2】 町内学校で実施された自然体験学習プログラム（平成26年度）

実施学校	学年	実施月	プログラム名
A中学校	1	5月	長靴トレッキング
	1	9月	はまなすジャムとまきまきパン作り
	1	2月	歩くスキー
B中学校	1	5月	湿原散策とアウトドアクッキング
	1	2月	My釣り竿作り
	1	2月	My釣り竿でチカ釣りをしよう！
C小学校	3、4	5月	湿原散策とやちぼうずの正体を知ろう
	3、4	9月	はまなすジャム作り
	3、4	2月	歩くスキー
D小学校	4	5月	My釣り竿作り
	4	5月	My釣り竿で釣り体験
	6	6月	春の山菜でアウトドアクッキング
	4	10月	秋の湿原トレッキング
	4	2月	冬の湿原トレッキング
E小学校	3	6月	春の湿原トレッキング（花・山菜）
	4	7月	高層湿原・塩性湿地（琵琶瀬）
	5	8月	泥炭を洗おう
	6	9月	沼地と中層湿原（カムラ沼・仲の浜）
	4	9月	沼地（カムラ沼）
	5	9月	ナショナルトラスト活動・湿原散策
	3	10月	秋の湿原トレッキング（バードコール）
	6	10月	長靴トレッキング
	4	11月	低層湿原（センター周辺）
F小学校	全学年	8月	My釣り竿作り
	全学年	8月	My釣り竿で釣り体験
G小学校	3、4	6月	ヤチマナコ体験
	3、4	2月	アイス作りと雪遊び
	3、4	9月	アウトドアクッキング

＊霧多布湿原ナショナルトラスト提供資料をもとに作成

第3章　NPOによる学校での地域・環境教育に対する支援活動の展開

ものが準備されており、年間を通して湿原をフィールドにした環境教育が実施できるようになっている。さらに、単に湿原の成り立ちや動植物を学ぶだけでなく、釣りやトレッキング、歩くスキー体験など、湿原をフィールドに遊び、楽しむことに重点を置いたプログラムになっている。また、毎年継続的に行われている事業ではないが、過去には、小学生が町内の学校に新たに赴任してきた教員に対して霧多布湿原の自然環境について情報提供を行うエコツアーを企画し、当日のガイド役も担うという取り組みも実施されている。

　一連の教育プログラムの内容は、浜中町が全国に誇る霧多布湿原を軸としながら、同町が有する豊富な地域資源に実際に触れたり、遊んだりしながら学ぶ内容となっている。こうした活動は、プログラムを受ける子どもにとって、距離的には身近なものの、日常生活では立ち入ることが少ない湿原をはじめとする地域の自然環境に親近感をもつとともに、地元地域に対する愛着心を強くするきっかけにもなっていると考えられる。

　自然体験学習の内容、構成等については統一のカリキュラムなどはなく、これまではトラスト側から小中学校の担当教員に対してプログラムの内容、実施回数などを提示し、協議の上で決定するという形式が採られてきた。したがって、それらの内容やボリュームは学校によって異なっており、たとえば、特定の学年のみが単発的にプログラムを受講している学校から、全学年あるいは複数の学年にまたがって体系的なカリキュラムを構築し、年に何回にもわたってプログラムを実施する学校まで、多岐に渡っている。

　本事業は、地元の学校外の組織である環境NPOが企画する教育プログラムを、実施回数や内容にばらつきはあるものの、町内の大多数の小中学校が実施している点に特徴がある。NPOと学校が連携した地域における教育活動の仕組みづくりとして興味深い事例で

【写真4】 浜中学の授業風景（地域活性化事業の企画ワークショップ）

(2) 霧多布高校「浜中学」

　第二の取り組みとして、霧多布高校との連携があげられる。

　「浜中町立北海道霧多布高等学校」は、本稿ですでに何度かその名称が出ているが、浜中町内に存在する唯一の高校である。昭和26(1951)年に北海道厚岸高等学校霧多布分校として開校し、現在は普通科のみで、各学年2クラスずつという小規模校であるが、町立高校であることを活かした教育活動に積極的に取り組んでいる。

　その一つが「浜中学」である。これは1年次から3年次の3年間を通して展開する地域教育に関するプログラムであり、浜中町についての理解を深めるとともに情報発信を行い、地域に貢献しようとする意欲や態度を育成することを目的にしている。まず1年次は、地元の宿泊施設経営者、NPO関係者、役場、漁協職員などの町内のまちづくり活動の関係者を講師として招いた学習等を行い、主に地域の自然、社会、経済などについて知り、2年次は、浜中町を訪れる観光客を対象にしたアンケートなどの地域調査を自ら行い、最終学年の3年次においては、それらで得られた知見をもとに浜中町での地域活性化策について発表を行ったりする内容になっている。平成26（2014）年度は浜中町の食材のPRをテーマにした学習、調査などを実施している。

　また、浜中学においては、高校生自らが研究成果を学校外に発信したり、調査研究過程において多様な人材・主体との交流を深めたりすることに力が入れられている。例えば、最終研究成果の発表会

を町内の公共施設を借りて開催し、町長や各種地域組織関係者の前で地域活性化策の提言を行ったり、生徒が地元の大学（北海道教育大学釧路校）を訪問し、大学生や大学教員の前で研究発表を行い、意見交換・交流を図ったりする取り組みを実施している。さらに、平成26（2014）年度には、先述のハマナカルチャーショックツアーの中で、高校生が浜中町を来訪した京都の大学生向けに浜中町ならびに霧多布高校を紹介するプレゼンテーションを行い、道外の大学生と交流を深める取り組みを行っている。

　トラストは、霧多布高校の浜中学の実施にあたり、複数のメンバーが授業の講師役を務めたのをはじめとして、自然体験活動や調査活動などでの受け入れ役や町内の他の主体と高校との間の橋渡し役などの役割を担っている。さらに、高校の教育プログラムの企画にあたり、非公式ではあるが教員からの相談を受け、助言を行ったりもしている。一方で、トラストのさまざまな事業には、霧多布高校のボランティア部をはじめとする多数の高校生がボランティアとして参加するなど、一連の活動において高校側からも多くの協力を得ている。

　さらに、平成27（2015）年5月には、トラストの主催で、高校の魅力化事業で全国的に知られている島根県立隠岐島前高等学校の関係者を講師に招いた学習会を開催し、トラスト、高校、町役場、住民有志等の参加のもと、霧多布高校の活性化に関する意見交換を行う取り組みも実施されている。このように、トラストと霧多布高校の間では、教育活動への支援の枠に留まらない多様な連携が図られている。

⑶　地域・環境教育活動の今後の展開

　これらの浜中町内の学校での地域・環境教育活動は、取り組みが開始されて数年しか経っていないこともあり、現在はさまざまな模

索が試みられている段階にある。トラストは、浜中町内でのこれら一連の活動において、主に学校に対して教育プログラムを提供する支援組織としての役割を担っている。学校側にとっては、地域に根差したNPOの存在（と小中学校の場合は町からの財政支援）によって、専門性を有する外部組織の支援を得ながら多様な地域・環境教育活動を継続的に展開していくことが可能となっている。それに加えて、トラストは、先述した環境まちづくり活動と同様に、学校と地域内の諸主体の間をつなぐコーディネーターとしての役割も部分的に担っていると捉えられる。多様な専門性や経験などを有する地域内の諸主体・組織の協力を得ることが不可欠な地域・環境教育活動を展開していく上では、学校と諸主体の橋渡し役を担う存在が重要であると考えられる。トラストは、今後、そうした地域におけるコーディネーター役の担い手の確保・育成について考えていく上で参考になる事例と捉えられる。

　浜中町は、霧多布湿原をはじめとする自然環境や酪農や漁業をはじめとする地域の特性を活かした産業など、地域・環境教育のテーマ、教材となり得る地域資源を豊富に有している。それに加えて同町内には、小学校から中学校、高校までがすべて町立学校として存在している。そのため同町は、豊富な地域資源を活用しながら、小学校から高校までを通した体系的・一貫的な地域・環境教育プログラムを構築できる可能性を有するという恵まれた条件を有する地域である。しかし、現時点で同町内においては、そうした教育プログラムの構築に関する具体的な動きは見られず、それぞれの活動が個別に動いている状況にあるようである。

　学校における地域・環境教育活動は、将来のまちづくり活動の担い手育成の観点からみても重要な取り組みであると捉えられる。そこで、今後、浜中町内の小中高校での地域・環境教育を戦略的に発

第3章　NPOによる学校での地域・環境教育に対する支援活動の展開

展させるために、それを促す具体的な仕組み・体制等の整備について検討していくことが期待される。

　以下では、浜中町内での地域・環境教育活動を促進するために、今後考えられる仕組み・体制整備に関する取り組みについて考えていきたい。

　地域・環境教育活動を推進する上では、地域の多様な主体が連携し、それぞれが有している専門性、資源を相互に出し合いながら地域全体として取り組みを推進していく、「地域協働」に基づいた事業展開が重要になると考えられる。浜中町でも、例えば霧多布高校では、すでに浜中学の授業実施時に町内の多数の人材、組織などから協力を得ている。地域協働型の教育活動をより深化させる上では、そうした授業の実施段階にとどまらず、教育プログラムの企画・検討の段階から、さらには町内の学校自体の活性化の方策自体についても、地域の各主体の参加のもと議論していくことが考えられる。

　そのような取り組みを推進していく上では、まず町内において地域・環境教育活動の推進主体となる組織の整備が必要になると考えられる。具体的には、例えばJA、漁協、役場、NPO、有志の住民といった各主体を構成員とし、定期的に地域・環境教育活動の方策について議論を行い、必要に応じて教育プログラムの実施主体、協力者となる推進組織「地域協働型組織」の設立である。

　地域協働型組織は、「パートナーシップ組織」あるいは「協議会組織」とも呼ばれ、環境政策分野をはじめとする各種の地域政策分野において設置が進められている[8]。同組織の存在意義としては、地域内の多様な主体が組織の構成員として参加することにより、本事例に則していえば、①浜中町での地域・環境教育活動を協働型で推進していくという方針を地域全体で共有できる、②構成員となる

83

各主体にとっては自らの存在・役割等の位置付けが明確化される、③加えて活動に対する当事者意識が醸成される、④組織内での議論などを通じて地域主体間の信頼関係が醸成され、協力関係、ネットワークが強化される、⑤さまざまな専門性、資源を有する主体が参加し、補完し合うことで、活動自体の充実性をより高めていける、といったことがあると考えられる。

　こうした地域協働型組織の立ち上げ、地域内の各主体への参加呼びかけ、財源の確保、活動の進行管理などに関しては、町役場、教育委員会などの公的な組織が主導して動いていくことが期待される。一方で、地域協働型組織での議論・作業のコーディネート・進行役などについては、主体間の調整やコーディネートなどに長けた主体が担うことが考えられ、浜中町の場合、これまでの経験などからトラストがその役割を担う主体になることも考えられる。

　最後に、今後の浜中町での地域・環境教育活動を活性化させる上でトラストに期待される取り組みについて述べたい。

　近年、日本各地のまちづくりや環境保全活動の現場においては、NPOなどの市民団体の存在感が確実に増しており、期待される役割や取り組みも多様化を見せている。具体的には、本稿で述べたような環境保全活動のモデルづくり、他の地域主体の支援や主体間の調整役などの中間支援・コーディネートなどがあげられるが、その他にも、NPOによる各種まちづくり活動や関連政策に関する、「提言活動」も重要な取り組みとして期待されるようになっている[9]。

　浜中町においては、地域・環境教育活動をより活性化させるために、具体的なプログラム案や先述したような体制整備などに関して、トラスト側から町役場・教育委員会や学校などに対して積極的に提言を行っていくことが考えられる。実際にトラストでは、現在、町内小中学校での自然体験学習を活性化させることを目的に、

第3章　NPOによる学校での地域・環境教育に対する支援活動の展開

カリキュラムの体系化・統一化に関する提案を行う取り組みに着手している。こうした活動は、地域社会において継続的かつ実践的に諸活動を実施している、地域に根差したNPO等の主体だからこそ担えるものであると考えられる。

　トラストは、本稿で述べてきたように、これまで浜中町内において多数の環境まちづくり、教育活動に関与しており、多くの経験や知見を蓄積している。上記のような提言活動は、これまで町の共有財産である湿原センターの指定管理者として、各種事業を行ってきたことによって得られた成果を地域社会に還元するという意味合いも含んでいる。

[参考文献等]

⑴　本章の第2節、第3節は、平岡俊一「環境まちづくり活動の担い手としてのNPO—認定法人霧多布湿原ナショナルトラストによる取り組み事例から」『人間と環境』42⑴、pp. 24-35、2017の内容の一部に追加・修正を加えたものである。

⑵　筆者は、平成26（2014）年より霧多布湿原ナショナルトラストの理事を務めているが、記述内容、特に考察については筆者個人の見解によるものであり、その責任は個人に帰するものである。

⑶　浜中町『はまなか町勢要覧』2010

⑷　霧多布湿原ナショナルトラスト『認定特定非営利活動法人霧多布湿原ナショナルトラストの指針』2014

⑸　伊東俊和「環境保全による町づくり」鈴木敏正・伊東俊和編『環境保全から地域創造へ—霧多布湿原の町で』北樹出版、pp. 40-85、2001

⑹　柴田真由子・平岡俊一「地域の自然環境に対する地元住民の認識変化と保全活動関与のきっかけに関する考察—認定NPO法人霧多布湿原ナショナルトラスト関係者へのインタビュー調査から」『ESD・環境教育研究』18、pp. 11-21、2016

⑺　前掲⑸

⑻　平岡俊一「環境パートナーシップ組織の今日的意義と停滞化—近畿地方

での事例調査から」『人間と環境』40(2)、pp. 2-16、2014

　平岡俊一・的場信敬・豊田陽介・井上芳恵・多比良雅美・多比良康彦「地域づくり型温暖化対策推進のためのパートナーシップ組織の構築に関する考察—愛媛県内子町における実践の成果と課題」『ESD・環境教育研究』16、pp. 13-22、2014

⑼　豊田陽介・平岡俊一・山添史郎・野田浩資「多主体連携による政策形成における環境NPOの役割—省エネラベルの制度化を事例として」『日本地域政策研究』12、pp. 129-136、2014

〈付記〉

　浜中町における教育研究活動にいつも快くご協力いただいている霧多布湿原ナショナルトラスト関係者をはじめとする同町内の関係各位に対して厚く御礼を申し上げます。

● 第4章 ●

コミュニティ・スクールを核とした
地域創造の可能性
―子ども・大人・地域をつなぐ岐阜市の
コミュニティ・スクールの展開―

1　はじめに

　わが国では、戦後の高度経済成長の中で、都市化、過疎化が進行し、地縁的な地域社会の連帯感の希薄化から地域社会の教育力の低下が指摘されてきた。地方地域社会の過疎高齢化、若年層の流出、大都市圏への一極集中化は止まらず、日本創生会議の推計[1]によれば、2040年までに全国の市町村のうち約半数の896市町村が消滅する可能性があるという。学校には、こうした課題状況の出現に加担してきたという側面がある。明治時代以降わが国の近代の学校は、中央に出ていく地方の人材を選抜する制度として機能してきたことで、「『地域を捨てる学力』をつけるという側面が強かった」[2]。すなわち、学校は、地方地域社会からの「人口流出装置」として機能してきたのである。

　また、家庭においては、核家族化や少子化が進行し、仕事中心のライフスタイルによる家庭での父親の存在感の希薄化や、女性の社会進出にもかかわらず遅れている家庭と職業生活を両立する条件整備、親の過保護や放任などの変化から、家庭の教育力の低下が問題となっている[3]。

1980年代以降、それらを補完する形で学校教育の役割は肥大化してきた。また、急激な社会の変化、子どもたちの変化に伴い、教育をめぐっては、いじめ、不登校、学力低下、教育格差、多様な児童生徒のニーズへの対応などさまざまな問題が生じており、硬直化し閉鎖的な学校教育のあり方も問われている。このような状況の下、近年特に学校・家庭・地域の連携が求められている。平成18(2006)年に改正された教育基本法にも、学校・家庭・地域住民等の連携協力が盛り込まれ、学校と家庭・地域の連携は教育改革の重要な柱の一つである。

　都市部においても、地方においても地域社会の教育力が低下し、地縁的な地域社会自体が解体の危機にある中で、これからの教育は画一化された知識の伝達にとどまらず、持続可能な地域づくりに向けて価値や文化を再創造していくための手段として位置付けられる必要がある。

　しかし、今日の「学校・家庭・地域の連携」は学校機能のスリム化、補填のために「学校を支援」し、「学校応援団」を組織化することに重点が置かれているように見える。

　筆者らは、地域再生における教師の役割と、教師の地域再生に向けた実践が成立していくための諸条件を研究課題とし、教師の地域に向き合う姿勢・意識として「地域活用型」「地域参加型」「地域創造型」の三つを設定した[4]。これまで行われてきた「学校支援地域本部事業」や「学校支援ボランティア事業」等は「地域活用・参加型」マインドに基づく発想であり、そこでは学校と地域社会の関係性は一方向性で、学校側が地域社会に対して一方的に労力や知識の提供を求めてきた。

　これに対して、学校と保護者・地域住民の関係性をもう一歩進めた新しいタイプの学校が「コミュニティ・スクール」である。保護

者や地域住民等が、一定の権限と責任を持って学校運営に参画するコミュニティ・スクール（学校運営協議会制度）は、平成16（2004）年6月の「地方教育行政の組織及び運営に関する法律」の改正により制度化された。その指定状況は、平成28（2016）年4月1日現在、46都道府県2,806校（対前年度比417校増）とその数を増やしている。それに伴い、さまざまなタイプのコミュニティ・スクールが登場してきている。さらに、「新しい公共」概念といった社会の意識変化や、東日本大震災を経て、地域とともに子どもたちを育む学校づくりが求められている。これからの地域社会に求められるのは「地域創造型」の教育であり、教師である。本章では、コミュニティ・スクールの先進校を事例に、「地域創造型」の教育実践の可能性を探る。

　そこで本章では、まず、これまでの学校・家庭・地域の連携について、国の施策を中心に後付け、検討する。次に、「地域創造型」の教育実践の先進事例として、地方都市の中心部で少子化が進み、学校統廃合を機にコミュニティ・スクールに指定された岐阜県岐阜市の岐阜小学校コミュニティ・スクールを取り上げ、コミュニティ・スクール先進校における、学校・家庭・地域が連携した組織や教育活動の実態と、指定から8年を経た変容を明らかにすることを目的とする。そこから、地域創造に向けたコミュニティ・スクール導入の有用性を探る。

　研究方法としては、平成21（2009）年から平成28（2016）年にかけて、岐阜小学校学校運営協議会、専門部会などへの参与観察、学校関係者へのインタビュー調査、質問紙調査、関係資料の収集を行った。

2 学校・家庭・地域の連携施策の課題

⑴ 「開かれた学校」づくりと「学校のスリム化」

　まず、これまで学校・家庭・地域の連携はどのように捉えられてきたのかを、国の施策を中心に検討する。

　平成8（1996）年の第15期中央教育審議会答申「21世紀を展望した我が国の教育の在り方について」（第1次答申）では、「今後における教育の在り方として、［ゆとり］の中で、子供たちに［生きる力］をはぐくんでいくことが基本である」とし、「［生きる力］は、学校・家庭・地域社会が相互に連携しつつ、社会全体ではぐくんでいくものであり、その育成は、大人一人一人が、社会のあらゆる場で取り組んでいくべき課題である」と提言している。そして［生きる力］をはぐくむにあたっては、まず「学校・家庭・地域社会での教育が十分に連携し、相互補完しつつ、一体となって営まれることが重要だ」としている。

　また、学校・家庭・地域社会の役割と連携のあり方についての提言の中で「開かれた学校」づくりと「学校のスリム化」が示されている。「開かれた学校」づくりについては、具体的には学校の考えや教育活動の現状を語り、保護者や地域住民の意見を聞くなどの「開かれた学校経営」と、地域人材の非常勤講師採用、保護者や地域住民による学校ボランティアの受け入れなどの「学校外の社会人の活用」、学校施設の地域開放や学習機会の提供などの「地域社会の拠点」としての活動が挙げられている。「学校のスリム化」については、子どもたちの生活において学校の占める比重が家庭や地域社会に比して高く、本来家庭や地域社会が担うべきものを学校が担っている状況を改善することを提言し、教育内容についても家庭や地域社会との連携を図る中で、学校では教育内容を厳選し、基

礎・基本に絞ってスリム化を図り、「ゆとり」の中で学習と進路の多様性を進めるとしている。また、完全学校週5日制の実施についても、「生きる力」は学校・家庭・地域社会におけるバランスのとれた教育を通して育まれるとし、特に、家庭や地域社会における豊富な生活体験、社会体験や自然体験は重要であり、家庭や地域社会での生活時間の比重を増やし、子どもたちが主体的に使える自分の時間を増やして「ゆとり」を確保することが重要であると提言されている。

(2) 保護者や地域住民の学校運営への参画施策

① 学校評議員制度

　平成10（1998）年の、中央教育審議会答申「今後の地方教育行政の在り方について」[5]では、目指す改革の方向として、各学校の自主性・自律性の確立と特色ある学校づくりの実現のために、学校の裁量権限を拡大すること、学校運営組織を見直すことが必要であるとしている。さらに保護者や地域住民の信頼を確保していくためには、学校が保護者や地域社会に対してより一層開かれたものになることが必要であり、地域の実態に応じて「学校評議員制度」を導入するなど、学校運営に地域住民の参画を求めるなどの改革が必要であるとしている。第3章　学校の自主性・自律性の確立についての中で、以下のように述べられている（下線は筆者）。

6　地域住民の学校運営への参画
　学校が地域住民の信頼にこたえ、家庭や地域が連携協力して教育活動を展開するためには、<u>学校を開かれたものとする</u>とともに、<u>学校の経営責任を明らかにするための取組</u>が必要である。このような観点から、学校の教育目標とそれに基づく具体的教育計画、またその実施状況についての自己評価を、それぞれ、保護者や地域住民に説明することが必要である。
　また、学校・家庭・地域社会が連携協力し、相互補完しつつ一体となって

子どもの健やかな成長を図るため、各学校においては、PTA活動の活性化や学校区内の各地域における教育懇談会の開催などにより家庭や地域との連携が図られている。今後、より一層地域に開かれた学校づくりを推進するためには学校が保護者や地域住民の意向を把握し、反映するとともに、その協力を得て学校運営が行われるような仕組みを設けることが必要であり、このような観点から、学校外の有識者等の参加を得て、校長が行う学校運営に関し幅広く意見を聞き、必要に応じ助言を求めるため、地域の実情に応じて学校評議員を設けることができるよう、法令上の位置付けも含めて検討することが必要である。

　また、学校評議員には、学校運営の状況等を地域に周知することなどにより、学校と地域の連携に資することが期待される。

　この答申を受け、平成12（2000）年には、学校評議員が制度化された。これは、「学校評議員は校長の求めに応じ学校の運営に意見を述べることができる」制度であり、私的意志を学校運営に取り入れる点で、我が国の学校経営の歴史に大きなエポックを画するものだと評価されている[6]。しかしながら、保護者や地域住民の学校運営への参画という意味で大きな前進ではあったものの、あくまでもアドバイザーとして意見を述べるにとどまってしまい、学校の意志決定過程への参加制度とはほど遠いとの批判や、学校の活動について保護者や地域住民の理解と協力を得るための方策に過ぎないとの批判が多く、保護者や地域住民の「意向の反映」を図る仕組みとしても形骸化が指摘されている[7]。

② コミュニティ・スクール

　その後、学校評議員制度をさらに進めた形で、保護者や地域住民が一定の権限を持って学校運営に参画する「学校運営協議会」制度が平成16（2004）年に制定された。この学校運営協議会のある学校を、いわゆる「コミュニティ・スクール」と呼んでいる。「学校運営の改善の在り方等に関する調査研究協力者会議」で平成23（2011）

第4章　コミュニティ・スクールを核とした地域創造の可能性

年7月に出された提言では、「地域とともにある学校づくり」推進のための、推進目標の一つに「今後5年間で、コミュニティ・スクールの数を全公立小中学校の1割に拡大」が掲げられ[8]、この頃からコミュニティ・スクールが急速に普及し多様化してきている。第2期教育振興基本計画（平成25（2013）年6月14日閣議決定）においても、コミュニティ・スクールを全公立小中学校の1割（約3,000校）に拡大するとの推進目標を掲げたこともあり、その数は平成28（2016）年4月1日現在、2,806校にのぼる（前年比417校増）[9]。

　コミュニティ・スクールには保護者や地域住民などから構成される学校運営協議会が設けられ、学校運営の基本方針を承認したり、学校の運営や職員の任用に関して意見を述べるといった取り組みが行われる。

　学校運営協議会について、地方教育行政の組織及び運営に関する法律第47条の5では以下のように規定している[10]。

第47条の5　教育委員会は、教育委員会規則で定めるところにより、その所管に属する学校のうちその指定する学校（以下この条において「指定学校」という。）の運営に関して協議する機関として、当該指定学校ごとに、学校運営協議会を置くことができる。

2　学校運営協議会の委員は、当該指定学校の所在する地域の住民、当該指定学校に在籍する生徒、児童又は幼児の保護者その他教育委員会が必要と認める者について、教育委員会が任命する。

3　指定学校の校長は、当該指定学校の運営に関して、教育課程の編成その他教育委員会規則で定める事項について基本的な方針を作成し、当該指定学校の学校運営協議会の承認を得なければならない。

4　学校運営協議会は、当該指定学校の運営に関する事項（次項に規定する事項を除く。）について、教育委員会又は校長に対して、意見を述べることができる。

5　学校運営協議会は、当該指定学校の職員の採用その他の任用に関する

事項について、当該職員の任命権者に対して意見を述べることができる。この場合において、当該職員が県費負担教職員（第55条第1項、第58条第1項又は第61条第1項の規定により市町村委員会がその任用に関する事務を行う職員を除く。）であるときは、市町村委員会を経由するものとする。

6　指定学校の職員の任命権者は、当該職員の任用に当たっては、前項の規定により述べられた意見を尊重するものとする。

7　教育委員会は、学校運営協議会の運営が著しく適正を欠くことにより、当該指定学校の運営に現に著しい支障が生じ、又は生ずるおそれがあると認められる場合においては、その指定を取り消さなければならない。

8　指定学校の指定及び指定の取消しの手続、指定の期間、学校運営協議会の委員の任免の手続及び任期、学校運営協議会の議事の手続その他学校運営協議会の運営に関し必要な事項については、教育委員会規則で定める。

　文部科学省のホームページでは、学校運営協議会の主な役割として、「校長の作成する学校運営の基本方針を承認する」「学校運営に関する意見を教育委員会又は校長に述べる」「教職員の任用に関して教育委員会に意見が述べられる」の三つを挙げ「これらの活動を通じて、保護者や地域の皆さんの意見を学校運営に反映させることができ、コミュニティ・スクールは、『地域とともにある学校づくり』を進める有効なツールです」としている[11]。コミュニティ・スクールのイメージを図1に示す。

第4章　コミュニティ・スクールを核とした地域創造の可能性

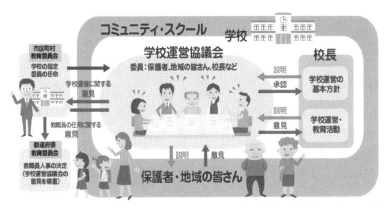

【図1】　コミュニティ・スクールのイメージ（文部科学省HP[12]より）

③　コミュニティ・スクールの成果と課題

　保護者・地域住民が学校運営に参画する新しいタイプの学校コミュニティ・スクールに指定されることによって、どのような成果が得られるのであろうか。また、課題は何であろうか。

　コミュニティ・スクール研究会の調査[13]によれば、コミュニティ・スクールの成果としては、「学校と地域が情報を共有するようになった」（92.6％）、「地域が学校に協力的になった」（87.7％）、「地域と連携した取組が組織的に行えるようになった」（84.0％）、「特色ある学校づくりが進んだ」（83.0％）、「学校関係者評価が効果的に行えるようになった」（82.6％）、「学校に対する保護者や地域の理解が深まった」（82.6％）、「保護者・地域による学校支援活動が活発になった」（80.6％）、「教職員の意識改革が進んだ」（77.4％）、「学校が活性化した」（76.1％）などが指定校の校長から挙げられており、保護者や地域住民の学校運営への参画というよりは地域連携による「学校支援」の側面を高く評価している。

　一方、課題としては、「適切な委員の確保・選定に苦労する」（51.3％）、「学校運営協議会に対する一般の教職員の関心が低い」

95

（59.1％）、「学校運営協議会の存在や活動が保護者・地域に余り知られていない」（57.5％）など、人材不足と理解不足、認知不足が捉えられている。また、「委員謝礼や活動費などの資金が十分でない」（51.7％）と、活動資金不足を約半数が指摘している。教職員の負担については、「管理職や担当教職員の勤務負担が大きい」（52.4％）と管理職と担当者の負担が大きいが、以前から指摘されている教職員の多忙化については、「協議会の提案事項を遂行するために教職員が多忙になる」（36.4％）と高くなかった。さらに、学校運営協議会が教職員の任用に関する意見の申し出を行った割合は15.9％であったが、意見を申し出ても反映されないことも多く、意見を申し出た学校のうち、34.0％が反映されなかったと回答していることも課題である。教職員の任用に関する意見の申し出については、コミュニティ・スクール制度が導入された当初に先進校でこの点が適用されたことから、コミュニティ・スクール設置の際の教育委員会や学校側の懸案事項にもなっていた。3割以上の学校で、意見が反映されなかったとなると、それらの学校では、学校運営協議会制度を設置したもののその運用に関して形骸化している可能性が示唆された。

(3)　改正教育基本法

　平成18（2006）年に改正された教育基本法では、教育の目的を実現する上で、学校、家庭及び地域住民等の相互の連携協力が重要であることに鑑みて、「学校、家庭及び地域住民等の相互の連携協力」が第13条に新たに規定された。

（学校、家庭及び地域住民等の相互の連携協力）

第13条　学校、家庭及び地域住民その他の関係者は、教育におけるそれぞれの役割と責任を自覚するとともに、相互の連携及び協力に努めるものとする。

第4章　コミュニティ・スクールを核とした地域創造の可能性

　また、家庭教育についても、第10条に新設され、保護者が子ども
の教育について第一義的責任を有すること、国や地方公共団体が家
庭教育支援に努めるべきことを規定している。これらを受けて、学
校・家庭・地域の連携教育が益々推進されるようになった。

⑷　「放課後子ども教室推進事業」「学校支援地域本部事業」

　教育基本法の改正を受け、学校・家庭・地域の連携施策として、
近年「放課後子ども教室推進事業」「学校支援地域本部事業」など
も推進されてきた。

①　放課後子ども教室推進事業[14]

　子どもたちの問題行動の深刻化や地域や家庭の教育力の低下など
の緊急的課題に対応し、未来の日本を創る心豊かでたくましい子ど
もを社会全体で育むため、文部科学省では、平成16（2004）年度か
ら緊急3か年計画として「地域子ども教室推進事業」を実施した。
具体的には、地域の大人の協力を得て、学校などを活用し、緊急か
つ計画的に子どもたちの活動拠点（居場所）を確保し、放課後や週
末などにおけるさまざまな体験活動や地域住民との交流活動などを
支援するもので、その後、平成19（2007）年度より、「地域子ども
教室推進事業」を踏まえた取り組みとして、国の支援の仕組みを変
更した補助事業である「放課後子ども教室推進事業」を創設した。
本事業では、小学校の余裕教室などを活用して、地域の多様な方々
の参画を得て、子どもたちとともに行う学習やスポーツ・文化活動
などの取り組みを支援しており、事業の主な実施主体は市町村で、
国は各地域での取り組みに対し支援（予算補助）を行っている。

②　学校支援地域本部事業

　学校支援地域本部事業は、教育基本法第13条を具現化することを
目標の一つに平成19（2007）年に予算案が作成され、平成20（2008）
年度からスタートした。文部科学省は「学校支援地域本部は、学校

97

を支援するため、学校が必要とする活動について地域の方々をボランティアとして派遣する組織で、いわば地域につくられた学校の応援団といえます」としている[15]。原則、中学校区単位に設置され、そのねらいとしては、次の3点が挙げられている[16]。①地域住民の学校支援活動を通じて教員の勤務負担軽減を図ること、②児童生徒と地域住民との異世代間交流を通して、地域教育力を活性化させること、③住民が社会教育の場で学んだ成果を生かす場と機会を提供し、その学習意欲を向上させること。すなわち、学校支援活動を通じて、地域の大人の生涯学習や自己実現、生きがいづくりに資するとともに、学校と地域、地域と地域のつながりを強化し、学校・家庭・地域が一体となって、地域ぐるみで子どもを育てていこうというものである。

⑸　小括

　以上のように、「学校・家庭・地域の連携」は、制度的にも量的にも進展してきており、情報共有や地域の協力等において、一定の成果が得られている。しかし、これまで見てきた「学校・家庭・地域の連携」施策に共通しているのは、「学校・家庭・地域の連携」が、肥大化した学校機能の「スリム化」や、学校だけでは手がまわらない活動の補填のための「学校支援」、さらに「学校応援団」を組織化することに重点が置かれている点である。その名前のとおり学校を支援することが主眼の「学校支援地域本部事業」だけでなく、「学校運営協議会制度」においてさえも、意見は反映されない割合も高く、学校運営に保護者や地域住民が主体的に参画するというよりは、学校応援団的な活動を期待されているようである。これは学校、教師側が地域社会に一方的に貢献を求めているものと言えるのではないだろうか。こうした学校が地域資源を活用するだけの連携では、地域創造のための教育を行うことは難しいと考えられる。

第4章　コミュニティ・スクールを核とした地域創造の可能性

3　岐阜市型コミュニティ・スクールの概要

　次に、前述の状況の中、学校支援、地域活用型の連携から一歩進んで、学校を核に新たな地域づくりが進みつつある「地域創造型」コミュニティ・スクールの先進的な事例として、岐阜市のコミュニティ・スクールを取り上げる。

(1)　岐阜市の概要と教育施策

① 　岐阜市の概要

　岐阜市（図2）は岐阜県の南部に位置する県庁所在地であり、平成7（1995）年より中核市に指定されている。木曽三川によってつくられた濃尾平野の北端、長良川の緩扇状地帯上にあり、面積は203.60平方キロメートル（平成26（2014）年10月1日現在）、総人口は412,638人（平成29（2017）年3月1日現在）である[17]。

　戦国時代、織田信長公が450年前に「岐阜」と改称、入城しその名が全国に広まったとされている。岐阜城のある金華山の麓の城下町として栄え、市内に長良川が流れる自然豊かな歴史のある土地で、県の行政、教育、経済の中心地として発展してきた。かつては、岐阜駅前の繊維問屋街が栄え、繊維産業が市の経済を支えて来たが、近年、アジアからの安価な輸入品の台頭で衰退し、再開発を迫られている。繁華街の柳ケ瀬も、シャッター商店街化しており、中心市街地の空洞化は著しく、

【図2】　岐阜市の位置[18]

大型商業施設が次々と閉店している。地方都市の例にもれず中心市街地が空洞化する一方、郊外のロードサイド型の大型商業施設に商業の中心は移っている。

一方、1300年以上の伝統を誇る長良川の鵜飼[19]には、毎年10万人以上の観光客が訪れるほか、約３万発が打ち上げられる長良川の花火大会、長良川温泉などがあり、観光資源にも恵まれている。「長良川の鵜飼漁の技術」は国重要無形民俗文化財に指定されている。

② 岐阜市の教育基本方針、基本目標

「岐阜市の教育基本方針」（平成20（2008）～平成24（2012）年度）[20]では以下の基本理念に基づいて、三つの基本目標を掲げている。

［基本理念］

○　自由と責任の自覚のもとに「夢」や「志」を持ち、生涯にわたって「生きるよろこび」を感じながら、成長し続けることができる市民をはぐくむ。

○　人間尊重の精神を基盤として、自分や自分の所属する集団に対する「自信と誇り」を持ち、豊かな心で互いに支え合い、仲間と共によりよく生きようとする市民をはぐくむ。

　基本目標１：知・徳・体の調和がとれ、自己実現をめざす自立した人づくり

　基本目標２：公共の精神を尊び、社会の形成に主体的に参加する人づくり

　基本目標３：豊かな教育を支えるための環境づくり

基本目標１「知・徳・体の調和がとれ、自己実現をめざす自立した人づくり」では、「本市は教育立市をめざし平成20年度から展開される新しい『岐阜市総合計画（基本計画2008）』の中で、都市活

第4章　コミュニティ・スクールを核とした地域創造の可能性

力の源となる人材を『人財』と位置づけ、人づくりを推進していくこととしています。（中略）このように岐阜市の教育では、信頼と情熱を基盤に、子どもたちが自信と誇りを抱き、"こうありたい"と願う将来の自分をめざして学び続ける教育、すなわち『自信と誇りに結ぶ教育』を進めていきます」としている。

　また、基本目標3「豊かな教育を支えるための環境づくり」では、「社会情勢の変化により生じる教育に対するニーズや課題に、的確に対応した魅力ある学校づくりや、小中学校の適正配置・適正規模化に取り組むとともに、学校・家庭・地域社会との連携を基にした、安全・安心な学校づくりをめざし、施設・設備の整備拡充に努めます。また、学校・家庭・地域社会の期待に応える教育施策の総合的な推進をめざして、教育委員会の一層の活性化を図ります」としている。

(2)　岐阜市型コミュニティ・スクール

①　基本施策とコミュニティ・スクール研究推進事業

　前述の基本目標1に対して設定した施策「基本施策5：新たな教育制度への取組」の中に、「施策5-1：開かれた学校づくりの推進」が挙げられている[21]。

> 学校・家庭・地域が連携し、一体となって子どもたち一人ひとりの確かな学力や豊かな人間性、たくましく生きるための健康や体力を育んでいくため、保護者や地域の皆さんの知恵を活かした、地域に開かれた学校づくりに取り組みます。

　また、基本目標3に対して設定した施策の中に、「施策11-3：地域コミュニティとしての学校整備」が挙げられている[22]。

> 「地域コミュニティの場として学校を位置づけ、地域住民にとって利用のしやすい活動拠点として、学校施設の整備に取り組みます。特に、保護者や地

域住民等が教育委員会や学校と責任を分かち合いながら、自分たちの校区に
ある学校の運営に携わっていくことのできる、コミュニティ・スクールの研
究推進を平成20年度から行っていきます。」

　これらの施策の下、「岐阜市型コミュニティ・スクール」の研究
推進事業が平成20（2008）年度から行われ、岐阜市初のコミュニ
ティ・スクールとして、金華小学校と京町小学校を統廃合してでき
た岐阜小学校が指定された。その後、岐阜市では毎年コミュニ
ティ・スクールの数を増やし、学校・家庭・地域が一体となって、
学校運営の改善と児童の豊かな学びと育ちを図るための、組織・体
制の在り方や連携教育の在り方について、多様な実践をもとに明ら
かにしてきた。平成26（2014）年度現在47校（67％）が、平成27（2015）
年度には市内全小学校47校、全中学校22校、特別支援学校１校の計
70校がコミュニティ・スクールに指定され、地域とともに学校教育
の充実に取り組んでいる。コミュニティ・スクールの指定期間は３
年（更新可）である。

② 　岐阜市型コミュニティ・スクールの特徴

　岐阜市型コミュニティ・スクールの特徴としては、従来から行っ
てきた保護者や地域住民の学校への支援活動を、より組織的・継続
的に取り組む体制を整え、地域コミュニティの力で学校の充実・活
性化を図ることを目指しており、学校や地域の特色を生かした学校
運営協議会を中心とした組織、体制を構築し、この仕組みを利用し
て、学校の抱える課題を共有したり意見を踏まえたりして、活動を
展開したり、学校支援ボランティア活動を充実させている点が挙げ
られている。岐阜市教育委員会のHPでは「いわゆる公立学校であ
ることに違いはありませんが、保護者や地域の皆さんの参画が仕組
みとして保障されています[23]」とも書かれている。岐阜市型コミュ

第4章　コミュニティ・スクールを核とした地域創造の可能性

ニティ・スクールの構想を図3に示す。

学校運営協議会の委員は、岐阜市教育委員会が委嘱・任命し、定員は20名以内である。委員の構成は、(1)地域住民等、(2)保護者、(3)設置校の校長、(4)設置校の教職員、(5)学識経験者、(6)教育委員会が適当と認める者、とされている。学校運営協議会委員の構成割合を図4に示す。教職員が23％と最も多く、次いで保護者

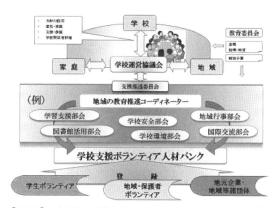

【図3】　岐阜市型コミュニティ・スクールの構想[24]

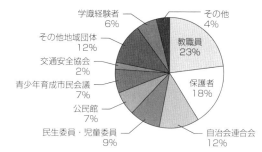

【図4】　学校運営協議会委員の構成割合[25]

18％、自治会連合会12％、その他地域団体12％、民生委員・児童委員9％、公民館7％、青少年育成市民会議7％、学識経験者6％の順で、地域住民等が約半数を占めている。

なお、岐阜市では「岐阜市立学校における学校運営協議会設置等に関する規則」を制定しているが、規則上は、教職員の任用に関する意見の申出については一切謳っていない。学校関係者にとって懸案事項であるこの点を外すことで、コミュニティ・スクール指定のハードルを下げたこともまた、岐阜市型コミュニティ・スクールの特徴の一つと考えられる[26]。

予算措置としては、教育委員会から新規で立ち上げる学校には、備品等の準備費として20万円が、コミュニティ・スクールの支援推進委員会に交付される。また、具体的な活動を推進する専門部会を設置する場合には、活動費として50万円が交付されている。

　主な活動としては、①学校支援ボランティア：家庭科「手縫い・ミシン」、図画工作「木工工作」、運動会「郡上踊り」、夏休みの「夏の寺子屋」など、②災害時対策支援：自治会主催「校区防災訓練」、PTA主催「防災体験学習会」参加、安心・安全マップ〈こども110番の家、通学路避難場所掲載〉作成など、③ふれあい行事・祭り：３世代交流合唱、夕涼み会、模擬店、ウォークラリー、父親レンジャー隊などが挙げられる[27]。

4　岐阜小学校コミュニティ・スクールの展開

　本節では、「地域創造型」コミュニティ・スクールの先進的な事例として、岐阜市立岐阜小学校コミュニティ・スクールを取り上げる。

(1)　岐阜小学校コミュニティ・スクールの概要

①　学校統廃合によるコミュニティ・スクールの誕生

　事例校の岐阜小学校は、人口が減少し少子高齢化が進む岐阜市内中心部に位置し、城下町としての歴史と文化を持つ歴史のまち金華地区の金華小学校と、官公庁など市民生活を支える施設が集中する司のまち京町地区の京町小学校という、共に130余年の伝統のある小学校２校の統廃合とともに、平成20(2008)年に岐阜市初のコミュニティ・スクールとして新設された学校で、統廃合により児童数362名、学級数15の中規模校となった。

　統廃合に際しては、両校それぞれに伝統があり簡単な話ではなかったが、統合準備委員会での度重なる議論を経て、「子どもたちの未来のために」という思いで乗り越えることができたという。さ

らに統廃合の際、コミュニティ・スクールに指定され枠組みが作られたことによって、新しい学校づくりに、学校、保護者、地域住民の3者が参画する場ができ、相互に話ができる雰囲気が生まれた。そこから地域住民同士の相互理解が進み、新しい学校づくりがスムーズに進んだことは、コミュニティ・スクール指定の大きな成果と言える[28]。また、通常の統廃合であれば距離を感じるであろう新しい学校と家庭・地域の距離が、コミュニティ・スクールとなることによって縮まった。学校が入りやすい空間になり、ボランティアに参加することで、学校で地域の人が再び知り合い、学校に新たなコミュニティが出来つつある。コミュニティ・スクールに指定されて9年目を迎え、岐阜市内のコミュニティ・スクールのパイロット校として、また全国からも先進校として視察が絶えない。

② オープンスクールの学校建築

コミュニティ・スクールの指定に伴って、金華小学校跡地に新築された校舎は、金華山と長良川の観景に溶け込む2階建てで、オープンスクールの考え方を取り入れて設計されている（写真1）。1階部分は職員室、校長室と、オープンスペースのメディアルーム、理科室、音楽室、家庭科室、英語ルーム、コミュニティ・ルームなどの共有部分となっており、安全対策上、教室は2階に作られている。各学年の1組と2組の教室の間はオープンスペースとなっており、教室の後ろの可動式の壁を開くと、3クラス分のスペースが確保され、学年合同の授業等に活用されている（図5）。

【写真1】 岐阜小学校

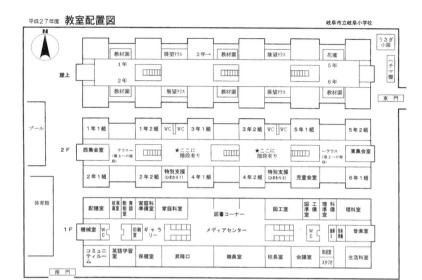

【図5】 岡阜小学校教室配置図[29]

③ 教育目標と合言葉

　岐阜小学校では教育目標に、「心豊かで　自ら求め　学び合う岐阜小の子」を掲げている。コミュニティ・スクールとして、地域社会の一員として社会に参加・参画する子どもの育成を目指して、「ふるさと大好き」、「あたたかい言葉をかけ合おう」を合言葉に、学校、家庭、地域が一体となって子どもたちの教育に取り組んでいる[30]。

(2) 岐阜小学校のコミュニティ・スクールの組織と活動

① 学校運営協議会

　岐阜小学校では学校運営協議会を、「学校運営協議会とは、学校運営の基本的な方針や教育上の課題について共有し、検討・協議する戦略的組織のこと」と定義している。学校運営協議会委員は19名で構成され、その内訳は、地域住民代表10名（金華地区・京町地区自治会長連合会長2名、学校教育推進コーディネーター2名、地域

教育推進コーディネーター4名、地域代表2名)、保護者代表5名(PTA会長1名、PTA副会長1名、PTAコミュニティ委員3名)、学校代表2名(校長1名、教頭1名)、その他2名(学識経験者、校区中学校教頭など)である。学校から教務主任1名、生徒指導主事1名がこれに加わり実務を行っている[31]。年齢構成は、地域住民代表は、自治会連合会長など地域団体の役職者のため、高齢の男性が多い。保護者代表は、小学生の保護者なので30～40代と比較的若いが、PTA会長、副会長は男性である。女性は委員全体で2～3名に過ぎない[32]。岐阜小学校コミュニティ・スクールの組織を図6、学校運営協議会委員および関係者を写真2に示す。

学校運営協議会は、おおむね月に1度、木曜日の19時から1時間程度行われる。公表会資料によれば、学校方針、教育課程の編成、施設の管理と整備などについて協議する他、地域住民の理解、協力、参画を推進する活動、定期的な学校に関する状況の点検と評価を行うとされている[35]。

学校運営協議会の議事進行は、教頭(昨年度からは会長)が司会を務め、地域住民が議題に沿って自由に発言をすることが多い。会長あいさつから始まり、主な議題は、各

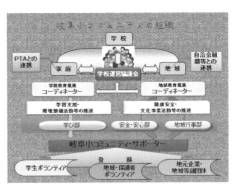

【図6】 岐阜小学校コミュニティ・スクールの組織[33]

【写真2】 学校運営協議会および関係者[34]

専門部会のコーディネーターからの報告、学校評価、ふれあいフェスタ等の行事についてである。本年度は、地域住民アンケート調査を行い、それについての報告があった。地域住民にとって岐阜小学校は、自分たちの地域の小学校であるという意識が強く、意見も積極的に出し合おうとする熱心さがある。

② 専門部会

岐阜小学校コミュニティ・スクールでは、学校運営協議会の下部組織として、「学び部」「安全・安心部」「地域行事部」の三つの専門部会を設けて、教育活動や支援活動を行っている。

各専門部会と学校運営協議会の連携役として、コーディネーターを2名ずつ位置付け、そのコーディネーターの助言の下、専門部長を中心として、学校と連携・協働した活動を企画・調整・実施・検証し、実際の教育活動や活動を推進している[36]。

次に、各専門部会の概要と活動内容を紹介する[37]。

a．学び部会

学び部会は、主に児童の学習支援活動を担当する。授業の支援、ゲストティーチャーのコーディネート、地域の人の授業の企画運営、朝の読み聞かせ活動、放課後の「学びの部屋」の活動などを行っている。メンバーは、保護者と地域住民15名、教員が6名の合計21名である。

特に、総合的な学習の時間の「ふるさと学習」の授業において、地域の人材をゲストティーチャーとして招き積極的に活用している。岐阜大仏の住職さんや地元の呉服屋さんを招いて、話を聞いたり、高学年では、お年寄りを招いて戦争体験の話を聞いたり、地域のゲストティーチャーに児童が質問項目を考えて取材し、ふるさとのよさをまとめて発表するなどの授業が行われている(写真3、4)。

また、夏休みには、学び部が主催して「サマースクール」を企画・

第4章 コミュニティ・スクールを核とした地域創造の可能性

運営し、地域の講師の依頼から、児童の申し込みの受付、割振りや抽選、当日の受付や司会進行まで行っている。講座の内容は、金華山の木の端材や木の実を使ったクラフト、料理、鮎菓子づくり（写真5）、そば打ち体験、手芸、飛行機づくり、水ロケットを飛ばそうなどで、いずれも人気が高く、参加は抽選になることが多い。また、平成26（2014）年度には、児童代表と学び部がサマースクールの企画内容について懇談する試みも行い、次年度の企画に反映している。

b．安全・安心部会

安全・安心部会は、登下校及び休日、緊急災害時等における児童の安全・安心に関する活動の企画・立案・調整を行う。主に登下校の見守りや夜のパトロールなどを担当し、メンバーは、地域住民と保護者が15名、教員が6名の合計21名である。下校時に1年生を引率するボランティア活動である「にっこり

【写真3】 ゲストティーチャーに戦争体験の話を聞く6年生の授業

【写真4】 取材をもとにポスターを作って発表する児童

【写真5】 サマースクールの鮎菓子づくり

109

見守り隊」を組織・運営している（写真6）。

　また、安全・安心部では、通学路の安全について、危険箇所を洗い出す活動を行っている。必要に応じて現地を警察の方や市役所の方などと共に歩いて点検し、危険箇所マップを作成した（図7）。下校時の通学路の交通状況や、大雨の時の道路の冠水の可能性などの危険箇所は、教員だけではなかなか把握できないので、この取り組みは学校にとって非常に助かっているという。

c．地域行事部会

　地域行事部会は、岐阜小学校のコミュニティ行事である「ふれあいフェスタ」「ふれあいウォーク」などの行事の企画・運営を担当する。部会の会議では、子どもの地域への関心を一層高めるために、地域で行われているさまざまな行事について交流し、調整・参加の呼びかけに加え、子どもにとっての意義及び参加・参画のあり方について議論している。メンバーは、地域住民と保護者が14名、教員が5名の合計19名で構成されている。

　「ふれあいフェスタ」は、毎年10月末の土曜日に開催され、第1部は、地域の方が参加する授業や公表会が行われる。第2部の「ふ

【写真6】　1年生の下校を引率するにっこり見守り隊

【図7】　通学路の危険箇所マップ

第4章 コミュニティ・スクールを核とした地域創造の可能性

れあいウォーク」は、児童・保護者・地域住民がその場でくじ引きで即席家族をつくり、グループで校区内の名所や史跡等をクイズ形式でウォークラリーする、総勢約800人が参加する一大行事である(写真7、8)。子どもたちが保護者や地域の方と一緒に地域を歩き、クイズを解きながら地域について学ぶこと、さまざまな場での地域の人々とのふれあいで、児童の地域への関心を高めることをねらいとしている。指令書をもとに、ポイントを探しながら上級生がリーダーシップをとって下級生や地域住民を引率する姿は

【写真7】 ふれあいウォーク(学校を出発)

【写真8】 ふれあいウォーク(川原町を歩く)

微笑ましく、あちこちで参加者の笑顔の輪ができている。

　地域行事部会では、5月から「ふれあいフェスタ」の準備を始め、金華・京町地区の青少年育成市民会議が中心となり、さまざまな地域団体の協力を得て準備を重ね実施する。ウォークラリーの問題作り担当は、夏休みや9月の暑い日中に、現地を歩いて問題を考えていた。事前スタッフ会議には、各種団体や地域住民、PTAなど70～80名が参加し、夜遅くまで議論を重ね、確認や準備を行っている(写真9)。また、ふれあいフェスタに近年、岐阜小学校を卒業した中学生がボランティアとして参加するようになり、スタッフとして活躍している。本年度は100名近い生徒の参加があった(写真10)。

111

このことは、岐阜小コミュニティ・スクールで地域の方に支えられて育った子どもたちが、卒業後、今度は自分たちが地域の一員として、岐阜小コミュニティ・スクールを支える立場でボランティアとして参加したいと自然と思うようになってきたことの表れであり、「ふるさと大好き」な、岐阜小コミュニティが大好きな子どもたちが育成されている証左とも言えよう。活躍する中学生の姿は小学生の良いモデルであり、小学生も卒業したら今度はスタッフとして参加したいと意欲的に思っている。「ふれあいフェスタ」は、ふるさとや地域の方とふれあう良さを伝える岐阜小学校の伝統行事になりつつある。

【写真9】 ふれあいフェスタ事前スタッフ会議の様子

【写真10】 ふれあいウォーク（中学生も参加）

(3) コミュニティ・スクール指定後の変化
① 子どもの何が変わったか

　コミュニティ・スクールに指定されて、8年を経て、児童にはどのような変化があったのだろうか。岐阜小学校の教員は以下のように捉えている[38]。

・地域社会の一員としての意識が培われてきており、高学年児童には、地域の一員として自覚が言動に表れてきた。

第4章　コミュニティ・スクールを核とした地域創造の可能性

　地域行事への参加割合が高く、岐阜祭り（6年生78％、5年生82％）、盆踊り（6年生36％、5年生28％）、地域運動会（6年生70％、5年生82％）の他、子ども会、青少年行事、歩け歩け運動、防災訓練など地域の活動への参加が増加しており、参加するだけでなく、スタッフとして参画するようになってきた[39]。地域行事でもスタッフとして活用されることにより、登下校の時や学校での休み時間に、低学年の子を気遣う高学年の子の姿が見られるようになった。そこから、自分の居場所、存在感、自己有用感を感じていると捉えられる。

・学校で学んだ力を地域の活動で生かそうとしている。

　信長の館夢の公園座談会（参加者は高齢者、大学生、学識経験者）などに参加して、「ふるさと学習」で学んだ議論の仕方、まとめかた、課題解決に向けた態度、自分の考えをわかりやすく述べる術を発揮する中高学年の児童の姿が見られた（平成26（2014）年度）。

・地域のあたたかい声かけに恵まれており、自然に挨拶できる児童が増加した。

　「おかえり」「ただいま」、「寒いけどがんばってね」「はい」、「いってらっしゃい」「いってきます」など、地域の方からあたたかい声をかけてもらえることによって、自分から先に声をかける児童が増加した。また、低学年の児童をやさしく連れて行く高学年の児童のあたたかい姿が見られる。

　学校で出会うゲストティーチャー、地域行事で出会う地域の人達、ふるさと探検で教えてもらえる地域のお店やそこに住む人達、保護者、独居老人など、岐阜小学校コミュニティで多くの人と出会う機会があり、子どもたちは地域の人をたくさん知っている。そこから、地域の人と関わり、つながりができ、知っている

人に自然に挨拶できている（一般的な学校と比べて、地域の人と
出会う機会が多い）。

・ねうちのあることに取り組める子に育ってきている。

粘り強く継続して取り組み、課題を達成できる子に育ってきて
いる。進んで、力を合わせて、自分の持ち味を発揮している。

② 教職員の変化

次に、教職員にはどのような変化があったのか、インタビュー調
査と参与観察からまとめる。

・コミュニティ・スクールに勤務しているという自覚

岐阜小学校は、岐阜市初のコミュニティ・スクールであり、パ
イロット校でもある。そこに勤務している教職員、転任してきた
教員は、良くも悪くも「コミュニティ・スクールという特別な学
校」に勤務しているという自覚を持っている。コミュニティ・ス
クールでは、専門部会等の会議に参加し、地域の人の意見を聞い
たり、地域行事への参加や、地域やPTAの人のあたたかい気遣
いに触れる中で、地域を知り、地域とのコミュニケーション力、
折衝力が養われる。

・ゲストティーチャーの活用

また、教員には、授業での役割を意識したゲストティーチャー
の活用が求められる。岐阜小学校では、年に1度の公表会では、
何らかの形で保護者や地域の力を活用した授業を全クラスで実施
している。ただゲストティーチャーに来てもらえばよいというだ
けではなく、不得意なところをゲストティーチャーに依頼した
り、児童や地域の人と共に学ぶ姿勢が必要である。

・学校観の変化

教員の持つ従来の学校観を、制度として変化させる仕組みがコ
ミュニティ・スクールにはある。教職員の意識も、学校が地域の

第4章　コミュニティ・スクールを核とした地域創造の可能性

力を活用するだけでなく、地域とともにある学校へと変化してい
く。コミュニティ・スクールで、子どもたちだけでなく、地域住
民も、保護者も、教員も混在してともに学ぶ学校へと変化しつつ
ある。

③　保護者・地域住民の捉える変化

　コミュニティ・スクールは、保護者や地域住民が学校運営に参画
する学校であるが、保護者や地域住民は、学校がコミュニティ・ス
クールに指定されて、どのような変化があったと捉えているのだろ
うか。

　岐阜小学校学校運営協議会では、筆者が調査協力し、保護者や地
域住民に対するアンケート調査を実施した。調査の概要は以下の通
りである。

　　調査時期：平成27（2015）年10月～11月

　　調査対象：岐阜小学校校区の地域住民及び保護者

　　調査方法：留置調査（手渡しにより配布・回収）

　　回　収　数：304名（配布数：400枚　回収率：76％）

　　性　　　別：男性131名、女性161名

　この中から、学校がコミュニティ・スクールに指定されて、どの
ような変化があったと捉えているのかについて表1に示す。A～W
の項目について、「よく当てはまる」「ある程度当てはまる」「あま
り当てはまらない」「全く当てはまらない」の4件法で回答を得た。

　「よく当てはまる」「ある程度当てはまる」と回答した割合を合わ
せると、多い順に「地域が学校に協力的になった」66.8％、「特色
ある学校づくりが進んだ」63.5％、「子どもが地域行事に参加する
ようになった」63.5％、「学校と地域が連携した取組が組織的に行
えるようになった」61.8％、「学校と地域が情報を共有するように
なった」61.2％、「保護者や地域住民が学校に来やすくなった」

115

【表1】 コミュニティ・スクールになってどのような変化があったと思うか

（上段　人）
（下段　％）

	10. コミュニティ・スクールになってどのような変化があったと思いますか。	よく当てはまる	ある程度当てはまる	あまり当てはまらない	全く当てはまらない	わからない	無回答
A	特色ある学校づくりが進んだ	60 19.7	133 43.8	16 5.3	0 0.0	69 22.7	26 8.6
B	子どもが落ち着き、生徒指導の課題が解決した	20 6.6	111 36.5	24 7.9	1 0.3	116 38.2	32 10.5
C	学校評価がよく行われるようになった	36 11.8	110 36.2	14 4.6	4 1.3	109 35.9	31 10.2
D	学校と地域が情報を共有するようになった	52 17.1	134 44.1	21 6.9	1 0.3	64 21.1	32 10.5
E	学校が活性化した	53 17.4	123 40.5	12 3.9	0 0.0	86 28.3	30 9.9
F	地域が学校に協力的になった	75 24.7	128 42.1	13 4.3	0 0.0	57 18.8	31 10.2
G	地域の教育力が上がった	22 7.2	113 37.2	30 9.9	0 0.0	107 35.2	32 10.5
H	地域が活性化した	29 9.5	116 38.2	38 12.5	4 1.3	79 26.0	38 12.5
I	学校と地域が連携した取組みが組織的に行えるようになった	60 19.7	128 42.1	16 5.3	0 0.0	67 22.0	33 10.9
J	保護者が学校に協力的になった	35 11.5	106 34.9	28 9.2	1 0.3	103 33.9	31 10.2
K	家庭の教育力が上がった	7 2.3	73 24.0	50 16.4	3 1.0	136 44.7	35 11.5
L	学校に対する保護者や地域の理解が深まった	32 10.5	136 44.7	25 8.2	3 1.0	78 25.7	30 9.9
M	保護者・地域による学校支援活動が活発になった	44 14.5	131 43.1	22 7.2	1 0.3	74 24.3	32 10.5
N	保護者や地域住民の負担が増えた	26 8.6	116 38.2	50 16.4	2 0.7	74 24.3	36 11.8
O	地域住民が学校や子どもに関心をもつようになった	39 12.8	133 43.8	23 7.6	1 0.3	76 25.0	32 10.5
P	保護者や地域住民が学校に来やすくなった	67 22.0	116 38.2	21 6.9	3 1.0	68 22.4	29 9.5
Q	子どもが地域に誇りをもつ教育が行われるようになった	52 17.1	110 36.2	16 5.3	0 0.0	95 31.3	31 10.2
R	子どもが地域行事に参加するようになった	65 21.4	128 42.1	25 8.2	1 0.3	54 17.8	29 9.5
S	学校を核とした地域づくりや地域活性化が進んでいる	40 13.2	107 35.2	26 8.6	4 1.3	94 30.9	33 10.9
T	教育内容の改善・充実が図られた	20 6.6	54 17.8	7 2.3	0 0.0	50 16.4	173 56.9
U	子どもの学習意欲が高まった	11 3.6	53 17.4	23 7.6	1 0.3	45 14.8	171 56.3
V	子どもの学力が向上した	8 2.6	40 13.2	28 9.2	2 0.7	53 17.4	173 56.9
W	教職員の意識改革が進んだ	19 6.3	57 18.8	12 3.9	1 0.3	46 15.1	169 55.6

116

60.2％、「学校が活性化した」57.9％、「保護者・地域による学校支援活動が活発になった」57.6％、「地域住民が学校や子どもに関心をもつようになった」56.6％、「学校に対する保護者や地域の理解が深まった」55.2％、「子どもが地域に誇りをもつ教育が行われるようになった」53.3％、「学校を核とした地域づくりや地域活性化が進んでいる」48.4％となっている。

　保護者や地域住民は、コミュニティ・スクールの指定によって、地域が学校に協力的になり、保護者や地域住民が学校に来やすくなり、学校と地域が情報共有するようになり、連携した取組が組織的に行えるようになった、特色ある学校づくりが進んだと捉えている。「学校を核とした地域づくりや地域活性化が進んでいる」についても、約半数の人が当てはまると回答している。

　当てはまると回答した割合が低いものは、「子どもの学力が向上した」15.8％、「子どもの学習意欲が高まった」21.0％、「教育内容の改善・充実が図られた」24.4％、「教職員の意識改革が進んだ」25.1％であった。これらの項目については、無回答が多く、保護者や地域住民からは見えにくい、評価しにくいということもあろう。しかし、コミュニティ・スクールの取組は、学力や学習意欲の向上にはさほど結びつかないと考えられていると捉えることもできる。教職員の意識改革については4分の1の人が当てはまると回答している。

5　地域創造型コミュニティ・スクールに向けて

⑴　岐阜小学校コミュニティ・スクールの変容

　岐阜小学校はコミュニティ・スクール指定から9年目を迎え、指定当初から年数を経て、その展開にも変化が見られる。先のコミュニティ・スクール研究会の調査によれば、コミュニティ・スクール

制度を導入することの成果としては、学校と地域の情報共有、協力・連携、相互理解が深まったこと、児童・生徒の学力向上、生徒指導の問題解決などが挙げられており、これらは、指定年度の古い学校ほど高い成果が見られたとしている[40]。そこで、これまでの岐阜小学校コミュニティ・スクールの歩みを三つの時期に区分し、第1段階：導入期（準備期間〜1年目）、第2段階：活動充実期（2〜4年間）、第3段階：再評価と改善展開期（5〜8年目）として、参与観察の結果からその変容を明らかにする（図8）。

　岐阜小学校コミュニティ・スクールの導入から8年間の変容を整理すると、3つの時期に分けられる。①導入期（1年目）：コミュニティ・スクールという枠組みをはめて、制度的に保護者・地域の参画を保証した。「地域活用型」。②活動充実期（2年目〜4年目）：学校が主体で先行事例をもとに、活動を充実していった。参加者は年間延べ1,000名以上となったが活動疲れの面も出てきた。「地域活用・参加型」。③再評価と改善展開期（5年目〜8年目）：外部からの評価が高まり、私たちのコミュニティ・スクールという意識に変化してきた。また、地域住民や保護者の主体性が高まり、地域創造に向けたコミュニティ・スクールの活動という意識の変化（6〜8年目）が見られるようになった。「地域創造型」。

　そして、現在は9年目を迎え、10周年の節目に向けて、いかに活動内容を改善し、ステップアップしていくかという方向に変化してきている。

　平成28（2016）年度は、「住民総参加のコミュニティ・スクール岐阜小学校を創り上げていくには」をテーマに、筆者が司会進行を務め、「『ふるさと大好き』ワークショップ」を実施した。地域住民、保護者、教員、大学生約60名が参加し、地域住民に対するアンケート調査の結果を踏まえてKJ法を使った熟議を行った（写真11、12）。

第4章　コミュニティ・スクールを核とした地域創造の可能性

［岐阜小学校コミュニティ・スクールの変容］	
第1段階：導入期（準備期間～1年目） ＊　以前から学校に協力的な家庭・地域の雰囲気がベースにあった「良い学校」2校が統合し、コミュニティ・スクールとしてスタート。 ＊　学校統廃合による2地域の協働の必要性。 ＊　岐阜市初のコミュニティ・スクール。特別な学校。 ＊　コミュニティ・スクールという枠組みをはめて、制度的に保護者・地域の参画を保証。 ＊　第2教頭がコミュニティ担当として活動を推進。 ＊　導入に当たっては、京都市立御所南小学校などの先進校を参照。	地域活用型
第2段階：活動充実期（2年目～4年目） ＊　学校が主体（PTAの地域拡大版）。 ＊　先行事例をもとに、活動を充実させる。 ＊　統合前の両方の学校の良い取り組みを引き継ぎ展開。 ＊　コミュニティ・スクールの活動への参加者は年間延べ1,000名以上、しかし活動疲れの面も。 ＊　子どもの変化、学校に地域の人がいるのが当たり前に。 ＊　地域が好き、学校が好きな子ども。 ＊　<u>文部科学省から表彰される（4年目）</u>一外からの評価による再価値づけ。 　　⇒<u>活動疲れから良いものへと変化。</u>	地域活用・参加型
第3段階：再評価と改善展開期（5年目～8年目） ＊　校長による国や県・市の施策を意識した活動の再定義、意味づけ、価値づけ。 ＊　校長のリーダーシップと宣伝能力。 ＊　子どもの変化、地域の活動への参加増、地域社会の一員としての自覚が出てきた。 ＊　岐阜小コミュニティ・スクールで学んだ子どもたちが、卒業後中学生ボランティアとして支える立場でふれあいフェスタに参加するようになった。 ＊　7年目に学校運営協議会会長が有識者から地域の自治会連合会会長（キーマン）に。 　　⇒<u>地域の主体性の高まり。</u> ＊　公表会等での対外的なコミュニティ・スクールの説明を教頭ではなく学校運営協議会のPTA委員が行うように。 ＊　<u>地域創造に向けたコミュニティ・スクールの活動という意識の変化。（6～8年目）</u> 　　学校運営協議会や専門部会の地域委員からも「地域づくりのために」、「まちづくり協議会と連携して」といった発言が聞かれるようになった。 ＊　保護者・地域住民に対するアンケート調査の実施（8年目） ＊　外部からの評価が高まり、<u>「私たちのコミュニティ・スクール」</u>の意識へ。	地域創造型

【図8】　岐阜小学校コミュニティ・スクールの変容

119

各専門部会や地域の所属団体等の枠を超えて、若者から高齢者まで幅広い年代の参加者が活発に意見交換を行い、10周年に向けた提案がなされたことは岐阜小学校コミュニティ・スクールのさらなるステップアップに向けて、また参加者が学校を核として共に学ぶ生涯学習の場としても有意義なワークショップとなった。

【写真11】　ふるさと大好きワークショップ

(2) まとめにかえて

　本事例から、コミュニティ・スクールの活動や取り組みが実質化し、保護者や地域住民が主体的に参画するまでには、数年

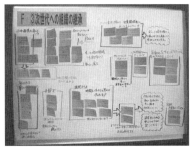

【写真12】　熟議のまとめ

の時間が必要であることが確認できた。導入期の「地域活用型」から、「地域活用・参加型」を経て、「地域創造型」に変化してくるのは、指定から5〜6年経った頃からである。その中で、持続可能な地域づくりのために、地域にとってどのような教育が必要なのかを、教師・保護者・地域が共に考えて実施していく必要がある。

　子どもたちが地域を好きになり、地域に残る、地域に戻る教育を考える場として、コミュニティ・スクールが果たす役割は大きい。本事例では、子どもたちが地域を好きになり、地域社会の一員としての自覚を持つ様子、小学校卒業後、中学生になってから地域の一員としてコミュニティ・スクールを支える立場で参加する様子が確認できた。また、将来ふるさとで暮らすことを希望する子どもたち

第4章　コミュニティ・スクールを核とした地域創造の可能性

は8割近くにのぼる[41]。これからコミュニティ・スクールで育った子どもたちが大人になって、地域とどうかかわっていくのか期待したい。

　「地域創造型」教育では、過疎化する市町村の持続可能な地域づくりに向けて、地域に新たな価値を見出し、学校を核にして、学校・家庭・地域社会において、大人と子どもが共に学び協同的に実践することが必要である。

＊本調査研究活動をご快諾いただき、ご協力いただきました岐阜小学校コミュニティ・スクール関係者の皆様に、この場を借りて厚く御礼申し上げます。

[参考文献等]

⑴　日本創成会議・人口減少問題検討分科会「成長を続ける21世紀のために『ストップ少子化・地方元気戦略』」、p. 14、2014

⑵　太田政男「地域づくりと学校づくり」長澤成次編『社会教育』学文社、2010

⑶　中央教育審議会「21世紀を展望した我が国の教育の在り方について（第一次答申）」（第1部⑴子供たちの生活と家庭や地域社会の現状）1996

⑷　科学研究費補助金（基盤研究（C））平成28～30年度「持続可能な地域づくりに向けた学校内外における協働体制の構築過程に関する調査研究」（研究代表者・宮前耕史）、同平成28～30年度「地域とともにある学校づくりの実質化と地域人材育成に関する調査研究」（研究代表者・安井智恵）

⑸　中央教育審議会「今後の地方教育行政の在り方について（答申）」1998

⑹　小島弘道「現代の学校経営改革の視野」日本教育経営学会編『自律的学校経営と教育経営』玉川大学出版部、pp. 12-38、2000

⑺　窪田眞二「学校経営参加制度の到達点とパースペクティブ」『日本教育経営学会紀要』第48号、pp. 28-40、2006

⑻　学校運営の改善の在り方等に関する調査研究協力者会議「子どもの豊かな学びを創造し、地域の絆をつなぐ～地域とともにある学校づくりの推進方策～」2011

⑼　文部科学省「コミュニティ・スクールの指定状況」http://www.mext.go.jp/
a_menu/shotou/community/shitei/detail/1372303.htm（平成29（2017）年3
月20日確認）

⑽　なお、平成27（2015）年12月の中央教育審議会答申「新しい時代の教育や
地方創生の実現に向けた学校と地域の連携・協働の在り方と今後の推進方
策について」を受け、平成29（2017）年3月、本制度について規定している
地方教育行政法第47条が改正されている。主な改正点は、学校運営協議会
の設置が努力義務とされたこと、学校運営への支援について協議事項に位
置付け、委員に「地域学校協働活動推進員」その他の対象学校の運営に資
する活動を行う者を加えること、教職員の任用に関する意見の範囲につい
て教育委員会規則で定めることになったこと、複数校で1つの協議会を設
置することが可能になったこと、協議結果に関する情報を地域住民に積極
的に提供することを努力義務化したことである。

⑾　文部科学省「コミュニティ・スクール（学校運営協議会制度）」http://www.
mext.go.jp/a_menu/shotou/community/index.htm（平成26（2014）年8月10
日確認）

⑿　前掲⑾

⒀　平成23年度文部科学省委託調査研究報告書　学校運営の改善の在り方に
関する調査研究『コミュニティ・スクールの推進に関する教育委員会及び
学校における取組の成果検証に係る調査研究報告書』日本大学文理学部、pp.
15-22、43-53、69、81-82、2012

⒁　文部科学省「放課後子供教室について」http://manabi-mirai.mext.go.jp/
houkago/about.html（平成27（2015）年7月11日確認）

⒂　文部科学省「学校支援地域本部について」http://manabi-mirai.mext.go.jp/
headauarters/about.html（平成27（2015）年7月11日確認）

⒃　佐藤晴雄「学校支援地域本部・放課後子ども教室の展望」天笠茂編集代
表、小松郁夫編著『新しい公共型学校づくり』ぎょうせい、pp. 51-54、2011

⒄　岐阜市公式ホームページ「市の紹介」http://www.city.gifu.lg.jp/2613.htm
（平成29（2017）年3月20日確認）

⒅　岐阜市公式ホームページ「市の位置・面積・人口」より転載　http://www.
city.gifu.lg.jp/7178.htm　（平成29（2017）年3月20日確認）

⒆　岐阜市公式ホームページ「祝！長良川鵜飼が国の文化財に指定!!」http://
www.city.gifu.lg.jp/21806.htm（平成29（2017）年3月20日確認）

122

第4章　コミュニティ・スクールを核とした地域創造の可能性

⒇　岐阜市教育委員会「岐阜市の教育基本方針」（2008〜2012年度）http://www.city.gifu.lg.jp/18036.htm（平成24（2012）年11月20日確認）

㉑　岐阜市教育委員会「基本施策と具体的施策」『岐阜市の教育（平成24年度版）』pp. 31-32、2012

㉒　前掲㉑、p. 53

㉓　岐阜市教育委員会事務局「学校教育構想　コミュニティ・スクール」http://www.city.gifu.lg.jp/c/40127561/40127561.html（平成29（2017）年3月20日確認）

㉔　岐阜市教育委員会事務局 「岐阜市の学校教育　コミュニティ・スクール」リーフレットより転載、2014

㉕　岐阜市教育委員会「岐阜市型コミュニティ・スクールの概要」（公表会資料）2014

㉖　安井智恵「学校統廃合の円滑な実施に対するコミュニティ・スクール制度導入の成果―伝統校統合の事例を中心に―」『岐阜女子大学紀要』45号、pp. 97-108、2016

㉗　前掲㉕

㉘　前掲㉖、p. 106

㉙　岐阜小学校「教室配置図」岐阜小学校2015年度公表会資料より

㉚　2012〜16年度参与観察フィールドノートより

㉛　岐阜小学校 『岐阜小学校コミュニティ・スクール （学校運営協議会制度）平成27年度　研究紀要』（岐阜小学校配布資料）p. 7、2015

㉜　参与観察フィールドノートより

㉝　前掲㉛

㉞　2015年度学校運営協議会委員および関係者。岐阜小学校提供資料。

㉟　岐阜小学校2014年度公表会資料より

㊱　前掲㉟、p. 8、および参与観察フィールドノートより

㊲　参与観察フィールドノートより

㊳　岐阜小学校校長および教員へのインタビュー調査（2011年度〜2016年度）より

㊴　2014年度岐阜小学校児童調査

㊵　前掲⒀

㊶　5年生の児童74名に対する質問紙調査。平成27（2015）年12月実施

123

第5章

コミュニティビジネスと 「ふるさと学習」との連動

1　はじめに

　コミュニティビジネスとは、ビジネスの手法を用いて地域が抱える諸課題の解決をめざす取り組みのことである[1]。地域の人材やノウハウ、施設、資金を活用することにより、地域における新たな雇用を創出し、働きがい、生きがいを生み出し、地域コミュニティの活性化に寄与するものとして、近年、着目を集めている。

　本章で紹介する「プロジェクトおおわに事業協同組合」は、コミュニティビジネスによる地域再生の先進事例として高い評価を得ている[2]。青森県大鰐町は、バブル期のリゾート開発に失敗し、多額の負債を抱えてしまった。巨費を投じた大型レジャー施設は完全閉鎖となり、地元の誇りであった国際大会が開催できるスキー場も営業を縮小した[3]。「第二の夕張候補」として、NHKの全国放送でも紹介されたりする中で[4]、住民の口からは悲観的な言葉しか出てこない。大人たちは子どもたちに「この町は借金まみれでもうダメだから、勉強して東京や大阪で頑張りなさい」と説いていたという。

　平成27（2015）年度、大鰐町は官民挙げての努力の結果、予定よりも7年前倒しで財政健全化を果たした[5]。この地が取り戻したのは、それだけではない。「プロジェクトおおわに事業協同組合」が指定管理を受けて運営する公営温泉施設は、活気に溢れ、産直野菜

コーナーや食堂は人で賑わっている。子どもたちは、地域の誇りや自慢を堂々と語る。本章では、この劇的変化の軌跡を描きつつ、それを可能にした仕組みや条件について検討する。

2 事例地域の概要

(1) 大鰐町の概要

大鰐町（図1）は、青森県津軽地方の南端に位置する人口約1万人の町である。大鰐温泉は、開湯800年の歴史をもち、津軽の奥座敷として長年愛されている。名物の大鰐温泉もやしは、江戸時代から栽培されている。りんごの生産も盛んである。

【図1】 大鰐町の位置
＊大鰐町ホームページより転載

大正12（1923）年開業の大鰐温泉スキー場は、競技スキーの名門として全国的に名を馳せている。全日本スキー連盟発祥の地でもある。

(2) 財政破綻寸前からの再出発

温泉とスキー観光の町として栄えてきたこのまちも、ほかの地方部の自治体同様に人口減少と産業の衰退に頭を悩ませていた。昭和62（1987）年に制定された総合保養地域整備法（リゾート法）を活用して、一大リゾート地への変貌をめざした。新設コースや高速リフトを整備し、温泉複合リゾート施設（造波プール・クアハウス・熱帯植物園・屋内型キャニオンライド・美術館などを複合した施

設）、宿泊施設を建設した。

　しかし、バブルの崩壊で観光客が激減していく中で、経営が成り立たなくなった。温泉複合施設は、平成8（1996）年に完全閉館となった。スキー場は、名門の灯を守るべくぎりぎりの努力がなされてきたが、利用客は減少し、国際大会が開催できるコースの維持が難しくなった。スキー場としての魅力が低下したことと経営破綻の噂が風評被害となり、スキー客はさらに減少するという負のスパイラルに陥っていく。最盛期に93万人いた観光客は、3分の1にまで減少した。そして、平成21（2009）年9月、大鰐町は、財政健全化法に基づく早期健全化団体となった。財政再生団体の1つ手前で、破綻寸前とされるレベルである。

　その後、官民挙げての並々ならぬ努力の結果、大鰐町は、当初の計画よりも7年早い平成28（2016）年度には、財政健全化を達成した。「湯の郷・雪の郷・りんごの郷　おおわに」にむけて、①ふるさと再発見、②美しく潤いのある風景づくり、③産業力強化のための6次産業化、④地域エネルギーの再生・活用、⑤まちぐるみの支え合い、の5つのキーワードを念頭におきながら各分野で取り組みを進めている（『第5次大鰐町振興計画』平成25（2013）年4月）。

3　地域再生にむけた住民の決起とコミュニティビジネスの展開

⑴　住民有志による「まちおこしグループ」の誕生

　バブル崩壊後、町主導のリゾート開発の失敗が明らかになり、地域は重く沈んでいた。そうした状況を住民主導で変えようと、平成4（1992）年、相馬康穰さん（現「プロジェクトおおわに事業協同組合」副理事長）の呼びかけで「おおわに足の会」が発足した。相馬さんは、地元の酒屋を継ぎ、商工会青年部の活動に熱心に取り組

んでいた[6]。当時、地域おこしに向けて、何かアクションを起こそうとする度に足を引っ張られることが再三あったという。そこで、「あきらめずにぶれずに」地域おこしに取り組む集団が必要だと考え、有志15名での活動を開始した。「おおわに足の会」の名称は、「人間は考える葦である」というパスカルの格言と「町民の手足になる」という決意を重ねてのネーミングであった。

　平成19（2007）年、民間有志の活動を大鰐町内全域に拡大するために、「おおわに足の会」のメンバーらが発起人となって「OH!! 鰐元気隊」が発足する。「大鰐町の良いものを再発見し、わが大鰐町を希望ある元気な町にする」ことを活動目的とした。現在の会員数は、137名に及び（男性91名、女性46名）、さまざまな業種や立場の住民が加入している。設立記念フォーラム「がんばるべし大鰐！」には、町内外から170名の参加者があった。

　「OH!! 鰐元気隊」としてまず取り組んだのが、大鰐町を元気にするための住民発のアクションプランの策定であった。町民参加のワークショップを3回開催し、①「地域の資源まるごとプロジェクト」、②「みんなが楽しいふるさとづくりプロジェクト」、そして、両者を推進する体制と仕組みづくりに関する、③「みんなが一緒にがんばるべしプロジェクト」の3本立てのアクションプランを作成し、町に提出した。後述する「OH!! 鰐元気隊キッズ」の活動も、このアクションプランの中に位置付けられている。並行して、町内各団体、町、県の関係者に対して、設立趣旨と活動内容を知ってもらう取り組みを行った。

　翌平成20（2008）年に内閣府「地方の元気再生事業」に採択されると、町外の専門家の助言も得ながら、「大鰐温泉もやし」のブランド化、大鰐町地域交流センター「鰐come」の活性化、首都圏の大鰐出身者を中心とする「大鰐応援ファンクラブ」の立ち上げ、コ

第5章　コミュニティビジネスと「ふるさと学習」との連動

ミュニティバスやオンデマンドタクシーなどの実証実験などの事業
を開始した。

⑵　「まちづくり会社」設立へ

①　めざすはホスピタリティ世界一

　平成20（2008）年11月、大鰐町地域交流センター「鰐come」（ワ
ニカム）が管理委託料 0 円で募集されることになった（写真 1 ）。「鰐
come」は、日帰り温泉や飲食施設を備える町営施設で、大鰐温泉
の活性化をめざして平成16（2004）年にオープンしたばかりであっ
たが、赤字経営が続いていた。この施設の指定管理受託をみすえ
て、「OH !! 鰐元気隊」のコアメンバーが出資者となり、「プロジェ
クトおおわに事業協同組合」を設立する。「町外の人間にはまかせ
たくない。地域の元気は地域住民でつくる。一事業者の利益追求の
道具になるのは嫌。大鰐町の再生の“小さな希望”が失われてしま
う」と考えたからであった。

　　　私達は、コミュニティビジネスを通じて「地域の活性化」
　　を基本精神に持ち、鰐comeだけでなく、町全体が元気に
　　なるようにという願いから、この町に生まれて良かった、
　　住んで良かったと思えるような町づくりを行うために立ち
　　上がりました。
　　　大鰐町の情報発信や農商工そして観光など、すべての分
　　野の拠点として、わが町のたくさんの素晴らしい産品を
　　「おおわにブランド」として世界に発信していくことで、
　　次世代の子どもたちに自信を持って手渡せる、夢と希望に
　　満ちたすばらしい「大鰐町」を実現すべく、活動して参り
　　たいと考えております[7]。

129

平成21（2009）年２月「プロジェクトおおわに事業協同組合」は、発起人５名、出資者９名（出資総額340万円）でスタートした。事業は次の三つの柱からなる。第一に、公共施設を指定管理する事業である。第二に、組合員の生産物を商品化や付加価値をつけて、首都圏や世界に発信していくための商品開発事業である。第三に、大鰐の特産品を全国や世界に発信していくための共同販売事業である。すなわち、「鰐come」の指定管理は、あくまでも手段であって目的は、大鰐の再生にある。

　　　"まちづくりは人づくり"です。"ふるさと愛"を持った
　　　人財（ママ）を育て、地域全体がひとつの家族としてとも
　　　に喜び合える、そんな未来をこの鰐comeを拠点に描いて
　　　いきたいんです[8]。

　「プロジェクトおおわに事業協同組合」は、平成21（2009）年６月から指定管理を受託し、わずか10か月で経営を黒字化した[9]。３年後には、町営時代と比べて売上200％

【写真１】　施設外観
＊「鰐come」ホームページより転載

アップを達成し、従業員数は町営時代からの継続雇用に加えて８名増加した。その要因は、多彩で魅力的な施設経営にあるが、そのためにまず取り組んだのがスタッフの意識改革によるホスピタリティの向上であった。配置換えを行いスタッフが各部門を経験することで、お互いの仕事を理解し、連携をとりやすくした。外部講師を招き、接客サービスの向上にも努めた。

第5章　コミュニティビジネスと「ふるさと学習」との連動

「鰐come」の朝礼は毎朝8時30分にはじまる。館内にサザンオールスターズの「希望の轍」が流れ出すと各々開店準備に勤しんでいたスタッフが集まってくる。チームビルディングを目的とした活動（右隣の人の良いところを褒めていくなど）、前日の売り上げ報告を輪番制で行うなどの活動がある。最後に、経営理念を全員で唱和（資料1）。気を引き締めた後で、ハイタッチをして持ち場につく。

資料1　「鰐come」の経営理念

私達は常に、感謝の心を持ちサービスで世界一の施設を目指します。
私達は常に、満面の笑顔と心を込めた接客で世界中の皆さまを元気にします。
私達は常に、心地よいおもてなしで世界一の癒しの空間を目指します。
私達は常に、地産地消の精神を持ち、安全・安心で健康な食文化を提案します。
私達は常に、地域の活性化を基本精神に持ち大鰐ブランドを世界に発信します。

＊「鰐come朝礼」参加者の手引きより

なぜ、ここまで接遇にこだわるのか。それは、施設を媒介にしてまち全体のホスピタリティが向上していくことが、大鰐の活性化につながると考えているからである。

　　　一番大事にしているのは人の心です。故郷を愛する気持ちをもった町民をどんどん増やしていって大鰐町全体がホスピタリティとおもてなしと愛のある人間の宝庫になって世界中からどんな方がいらしても町民ぐるみでおもてなしをするという空間づくりをしたい。私たちのテーマは日本の田舎町再生のお手本づくりなんです[10]。

すなわち、「鰐come」は、対外的には、大鰐ブランドの価値創出

と魅力発信の機能を担う一方で、町民に対しては、大鰐の魅力の可視化と再認識を促すと同時に、ホスピタリティの重要性について身をもって体現していく拠点施設でもある。ここでは、スタッフのことを「ファミリー」と呼ぶ。地域全体が一つの家族として喜び合える地域を目指すこの団体において、まずはその第一歩として「鰐come」が範を示そうとの考えからである。

② 「鰐come」を拠点とした事業展開

「鰐come」は、日帰り温泉施設、物販コーナー、レストラン、イベント広場からなる複合施設である（図2）。「プロジェクトおおわに事業協同組合」は、この施設をフル活用しながら、次々と新規事業を進めていった。施設利用者による「鰐come友の会」を発足し、リピーターの獲得を目指した。地元私鉄と共同しての割引切符の販売もはじめた[11]。

温泉施設の入口付近にあったテイクアウトコーナーは、ファストフードコーナーへと変更した。テーブル席に加えて、掘りごたつを設置し、お風呂上りに地ビール[12]やオリジナルスイーツを楽しめる。オリジナルスイーツ「わ」は、大鰐名物をコラボさせたパフェで、大鰐の名物駄菓子であるマカロニのポン菓子にバニラソフトをのせ、その上に日本で唯一温泉熱を使って醸造する地元醤油のジュレをかけたものである。また、地元企業と共同開発したはちみつ入りりんご酢「さっパ酢」を用いたオリジナルドリンクも販売している。「さっパ酢」の原料は、完全無化学肥料栽培の「大鰐高原りんご」だけを使用する。

レストランコーナーでは、地元産の食材にこだわり、「大鰐温泉もやし」や「大鰐高原野菜」、地元ブランドの鳥肉や豚肉を使ったメニューを提供するようにした。大鰐温泉もやしをトッピングしたラーメンなどに使用する麺も地元の製麺所のものを使用している。

第5章　コミュニティビジネスと「ふるさと学習」との連動

メニュー開発にも意欲的で、地元出身の料理研究家に開発を依頼した「うまか丼」は、大鰐温泉もやしを使った人気メニューである。館内イベントと連動させた期間限定メニューもある。

物販コーナーは、地元産商品を中心に品揃えを一新した。地元企業と共同開発した商品も並ぶ。商品の仕入れにあたっては、大鰐町内の商品を第一に、次に津軽エリアの商品、青森県内の商品、県外では被災地や県外の自分たちの活動に関わりのある商品という順で優先順位を設けた。売り場の半分を産直コーナーとして、農業者による「鰐come産直の会」との共同販売事業を展開している。

「鰐come産直の会」は、当初から首都圏への出荷を見据えつつ、「Ａ級品でなくてもいいから魂を込めて作った農産物をその価値のわかってもらうひとに買ってもらいましょう」と呼びかけた。当初は40数軒だった会員は、今では100軒に及ぶ。加工品を作る人もでてきた。農家の副収入が増え、孫に軽自動車をプレゼントできた会員もいるという。

多目的ホールや中庭では、多彩で魅力的なイベントが開催されている（表１）。「全国の地酒をたのしむ会」、「全国の焼酎をたのしむ会」、「ビール祭り」、「ボジョレーヌーボーの夕べ」などの

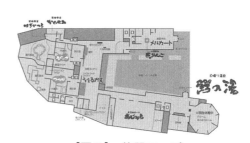

【図２】　施設マップ
＊「鰐come」ホームページより転載

人気企画は、弘前市をはじめ近隣から多くの来場があるが、地元住民にとっても大鰐町で暮らすということに豊かさと彩を添えてくれるものであろう。「鰐come夏祭り」では、地元の子どもによるステージ発表もある。地域外の来場者も多い場所での発表はほどよい

133

【表1】 平成27年度の主なイベント

日時	企画名	実施主体	会場
1月	振る舞い舞い餅、三味線演奏など	鰐come	休憩コーナー
	ジャズコンサート	鰐come	休憩コーナー
3月	第3回　全国の地酒をたのしむ会	鰐come	多目的ホール
	サンキューレターの日	大鰐町郵便局と共催	
4月	第5回　春の鰐come祭り	鰐come	イベント広場
	津軽三味線生演奏	鰐come	休憩コーナー
5月	大鰐温泉つつじ祭り限定　手古奈丼	鰐come	食堂
	走れ！さっパス（マラソンと列車と温泉を組み合わせたチケット）	弘南鉄道㈱、津軽広域観光圏協議会と共催	館外及び館内
	第4回　全国の焼酎をたのしむ会	鰐come	多目的ホール
6月	万国ホラ吹き大会	実行委員会	多目的ホール
7月	鰐come夏祭り（ビアホール、地元の子どもたちの舞台発表、ミニ新幹線）	鰐come	イベント広場
8月	大鰐温泉ねぷたまつりに協賛		広場開放
	納涼祭　盆踊り	鰐come	イベント広場
9月	第3回　ビール祭り	鰐come	多目的ホール
	復興支援フェア	鰐come	イベント広場
10月	まるごと大鰐商人市	まるごと大鰐商人の会	中庭特設会場
11月	第5回　ボジョレーヌーボーの夕べ	鰐come	多目的ホール
12月	第5回　クリスマスパーティー	鰐come	多目的ホール

＊フェイスブックの投稿記事より筆者作成

第5章　コミュニティビジネスと「ふるさと学習」との連動

緊張と同時に、地元大鰐を意識する機会にもなるといえよう。

　こうした改革と事業展開の結果、「鰐come」の温泉利用客は、平日で500人、週末は1,000人に及ぶ。内訳は、平日で町内と町外が半々、週末になると圧倒的に町外が多い。全体の入込客数は年間35万人である。

③　大鰐温泉もやしのブランド化と後継者育成支援

　大鰐温泉もやしは、350年以上前からこの地で栽培されてきた温泉熱を利用した冬の伝統野菜である。全長40センチとおおぶりで、シャキシャキとした歯ごたえと香り、味の良さを特徴とする。雪に閉ざされる時期の貴重な野菜として、津軽藩主が大鰐で湯治をする際には献上されてきたという。現在でも、昔ながらの無化学肥料、無農薬の土耕栽培を守っている。洗浄、仕上げにいたるまで温泉を使用し、作業はすべて手作業で行っている。

　大鰐温泉もやしの栽培方法は、長らく一子相伝であった。直系家族にしか伝授されないために後継者のいない生産農家は廃業せざるを得えず、大正時代に30軒あった生産者は一時6軒にまで落ち込んだ。「プロジェクトおおわに事業協同組合」の中心メンバーは、かねてから大鰐温泉もやしに注目してきた。高級野菜として大鰐温泉もやしをブランド化することで、後継者も確保でき、大鰐の知名度も上げることにつながるとなると考えたのである。そこで、有名百貨店に売り込みを行い、物産展に出店できるようになった。それがきっかけで、フードジャーナリストやマスコミとのつながりができた。

　平成20（2008）年に内閣府「地方の元気再生事業」に採択後は、町外の専門家の助言も得ながら本格的にブランド化に取り組んだ。町や県と協働しつつ、助成金を活用しながら大鰐温泉もやしの生産者の育成にも取り組んでいった[13]。「大鰐温泉もやしブランド化推進委員会」を立ち上げ、「地域農産物や観光資源・文化資源活用ま

135

でを視野に入れ、地域全体をブランド化するための委員会として発足」した⁽¹⁴⁾。地域ブランド化の動向に関する学習会を生産者、町役場職員、県職員などと合同で開催したり、「大鰐温泉もやし祭り」などを開催した。また、生産者を対象とした机上研修と現場実習を実施して、大鰐温泉の夏期出荷体制の確立にむけた取り組みも進んでいる。現在、2名の新規就農者が研修を受けている。

　現在、大鰐温泉もやしのブランド化と後継者獲得は概ね達成できたので、安定供給にむけた増産体制に取り組みをはじめている。「大鰐温泉もやし増産推進委員会」を大鰐町、「大鰐温泉もやし組合」、「プロジェクトおおわに事業協同組合」の3者で立ち上げた(事務局は「鰐come」内)。「大鰐温泉もやし増産推進委員会」付で、大鰐温泉もやしの販路拡大を主たる業務とする地域おこし協力隊を1名雇用することにした⁽¹⁵⁾。平成28 (2016) 年11月の連休には、「鰐come」を会場に、まち歩きクイズスタンプラリーや大鰐温泉もやしの特別販売などを盛り込んだ「大鰐温泉もやしフェスタ」するなど、活動を展開中である。

4　地元に誇りと元気を創りだす「ふるさと学習」

⑴　「OH!!鰐元気隊キッズ」の概要

　大鰐の地域再生にむけた取り組みで注目すべきは、コミュニティビジネスの展開の鮮やかさだけではない。そうした活動の一環に、子どもの参画の道筋や子どもと大人の共同が組み込まれている点にある。そして、そうした地域住民発の取り組みを地元の学校として引き受けて、組織的に支えている点にある。

　「OH!!鰐元気隊キッズ」は、大鰐小学校の5年生が町の活性化を考えるワークショップを実施したのがきっかけで、前述の「OH!!鰐元気隊」作成のアクションプランに位置付けられた。主な活動は、

136

町内清掃活動と野菜づくり事業の二つである。現在では、町内の全5、6年生が加入しているが、初年度の平成20（2008）年は1校からスタートした。

　町内清掃活動は、町内の観光名所や親水公園、高速道路のバス停などを中心に行う。その際、大人と子どもでチームを組む。一緒に活動する大人は、徹底して大鰐の素晴らしさや魅力、夢などを語るようにしようと取り決めている。

　　大人たちは子どもたちに「この町はもうダメだから、お前たちは勉強して東京や大阪で就職しなさい」と言ってました。自分の子ども以外にも。そういう大人しかまわりにいないわけ。だから、キッズの活動では、ポジティブな話や前向きな情報しか発信しないようにしようと決めたんです[16]。

　清掃活動は、朝7時30分から1時間、雪深い時期を除いて毎月開催する。集合場所は、町全域からのアクセスを考えて「鰐come」の他にも町内2か所を設定している。清掃場所までの移動は、マイクロバスで移動する。参加募集は小学校を通して申し込み用紙が配布され、希望者は〆切日までに「OH‼鰐元気隊」小学校担当に提出する。小雨決行で、中止の場合は、小学校が管理している緊急配信メールを活用して連絡が行き渡る仕組みができている。毎回、子どもは10～15名の参加である。この清掃活動への参加が、後述する東京での物品販売の参加条件になっている。「OH‼鰐元気隊」の大人は、この事業のチーフ1名に加えて最低2名（合計3名）は参加するようにしている。今年度は、町連合婦人会と合同開催した。今後、「いろんなとことつながっていければよい」と考えている。

野菜づくりは、学校の課外授業として取り組まれており、生産から物品販売までを体験的に学ぶ。活動の冒頭で、相馬さんは、子どもたちに「この活動は、単なる学校菜園じゃないだ。みんなは大鰐の営業マンなんだ」と語りかける。「OH‼鰐元気隊」のコアメンバーが講師になって、農業と物流、小売業、飲食店やホテルなどの販売などの仕組みを教えていく。生業として携わる地元の大人たち自らが、わかりやすく、言葉を選びながら、リアルな社会と子どもたちとを結び付けていく。

　　これからみんなで野菜を作って、秋には東京の一流レストランやアンテナショップに売り込むぞ。でも、キッズ野菜が1万円で売れたとしても全てが収入にはならないんだよ！運送屋に2,000円、販売するお店の手数料が2,000円、間に入る問屋に2,000円支払い、キッズ隊には4,000円しか入らない。これが農業と物流の仕組みなんだ。レストランのシェフは、その野菜を仕入れ、肉や野菜と一緒に調理し、お客さまに提供するんだ[17]。

　野菜ソムリエや種屋の社長を招き、これから流行するであろう新しい野菜の種類について学ぶ機会も設ける。新種のじゃがいもに加えて、在来の枝豆「毛豆」なども付加価値の高い商品になり得ることを教えた後に、実際の栽培活動に入る。「OH‼鰐元気隊」のメンバー、教師、学校近隣の住民と一緒に、子どもたちが「売れる」野菜づくりに挑戦する。収穫した野菜は、東京千代田区にある青森県のアンテナショップ「あおもり北彩館」で開催する「おおわにフェア」の一環として販売されることが決まっている。

第5章　コミュニティビジネスと「ふるさと学習」との連動

⑵　東京での物品販売体験

　表2は、東京での物品販売体験の行程表である。車中で1泊、ホテル1泊の強行軍である。マイクロバスの運転は、「OH‼鰐元気隊」スタッフが交代で行う。旅費（交通費・宿泊費）、保険料は、「OH‼鰐元気隊」が負担することで、子どもの参加料を5,000円に抑えている。平成27（2015）年度からは、町の補助金が獲得できたが、これまでは自前で捻出してきた。

　実施日は、毎年10月第1土日と固定している。小学校が2学期に入る頃、参加児童の募集と保護者への説明、バスと宿泊の手配、資金集め、出荷野菜の収穫とパック詰め、POP作成などの準備を進めていく。事務作業は、大人が行うが、野菜の出荷準備は子どもたちと一緒に行う。POPづくりは、子どもたちが担当する。その出来が売り上げに直結するだけに皆真剣である。「どうすればこの野菜の魅力がお客さんに伝わり、買ってもらえるか」を一生懸命に考え、キャッチフレーズを添える。

【表2】　平成28年度　東京での物品販売行程

	時間	内容		時間	
1日目	20：00	鰐come集合・出発		6：00	起床
2日目	5：00	サービスエリアで休憩		7：00	朝食
	7：30	情報番組の収録見学		8：10	皇居周辺散策
	8：30	アンテナショップ着		9：00	アンテナショップ着
	9：30	開店準備	3日目	9：30	開店準備
	10：00	開店・アンケート調査		10：00	開店・アンケート調査
	15：00	販売終了		11：30	販売終了
	18：30	レセプション会場着		12：00	東京ドームシティ
	21：30	ホテル着		22：00	鰐come着・解散

＊実施要綱より筆者作成

139

小学校では、名刺づくりを授業として行う。東京での物品販売体験に参加しない子どもたちも含めて、メディアリテラシー教育として位置付けている。子どもたちは、名刺という媒体に「載せるべき情報」と「載せてはいけない情報」の峻別から考えて、パソコンでオリジナル名刺を作成する。参加希望児童は、用紙に、「OH‼大鰐元気隊キッズ」としての活動歴と抱負を書いて提出する（資料２）。これには、活動をふりかえって意味付けさせ、物品販売に参加する動機を明確化するねらいがある。

　出発当日、夜20時に出発した後、車中で「OH‼鰐元気隊」の大人から子どもたちに名刺入れがプレゼントされる。社会人としてのマナーを教わり、名刺交換の練習をする。翌日、販売会場に到着すると子どもたちは、「OH‼鰐元気隊」の先発隊とアンテナショップの店長はじめ店員総出の歓迎をうける。まず、子どもたちは、店長と人生初の名刺交換に挑む。「鰐come」で実際に行われている接遇訓練を受けた後、３チームに分かれる。販売、アンケート調査、試食の三つの仕事を班で担当する。この役割は、期間中に交代しながら進められる。最初は、声が小さかった子どもたちもすぐに慣れはじめ、昼頃には「一人前の販売員」になるという。しかし、大きな声で客引きをしても、人通りがまばらな時間帯もある。手にとってくれたとしても、買ってくれるとはかぎらない。そうしたことを体感しながら、言葉を尽くして商品を売り込んでいく。

　夜は、レストランを貸し切って「大鰐町PR交流パーティー」を開催する。食材は、すべて大鰐町で一部には自分たちが栽培した野菜も使われている。このパーティーには、大鰐を応援してくれる「すごい人」（著名人、各界の名士）が集う。世界的に活躍するフードジャーナリスト、輸入車ディーラー社長、大手百貨店バイヤー、国の省庁職員、青森県庁職員、大手ハンバーガーチェーン社長、一

第5章　コミュニティビジネスと「ふるさと学習」との連動

流レストランシェフなどが参加する。子どもたちは、名刺交換後に、大鰐町外の大人の横に分かれて座る。子どもたちは、一生懸命に大鰐町や自分の夢について話す。すると、目の前の「すごい人」からも、大鰐の食材や地域の将来性などに対するポジティブな評価が返ってくる。実は、そこには仕掛けがある。事前に「OH!!鰐元気隊」が「根回し」をしているのである。子どもたちは、パーティーを通して、清掃活動や野菜づくりで大人が話すことが、本当だったと確信していく。

【資料2】　参加希望用紙（項目と構成）

☆これまでの活動参加内容・清掃活動（場所、回数等）　＊今後の活動含む
☆これまでの活動参加内容・野菜作り活動（自分が行った内容等）
☆東京でPRしたい大鰐の良さ、活動への意気込み等

＊実物はA4用紙１枚。三番目の項目は文章で書かせる。

【資料3】　お礼の手紙（６年生女子児童・抜粋）

　わたしは、東京で仕事の大変さがよくわかりました。一日目は、声を出すのも大変だったし、やっと声を出して試食をお願いしても断られたり…ととても大変でした。だから、街中で声を出して仕事をしている人が大変そうだなぁと思いました。声をがんばって出して、野菜が売れた時は、とてもうれしかったし、やりがいを感じました。とても楽しかったです。また、大鰐町のことをもっと知りたいし、好きになりました。
　今後は、この体験を生かし、大鰐町を応えんしてくれる人がいること、大鰐町に住んでいることをほこりに思いたいです。

＊実物は手書きでA4用紙１枚

　終宴が近づくと、「すごい人」から子どもたちに、ノベルティの非売品グッズなどをお土産としてプレゼントされる。「元気隊キッズの活躍はすごい。これからも誇りと自信を持って頑張ってね」とエールをもらい子どもたちは、宿舎のホテルに戻る。
　最終日は、午前中のみ物品販売体験を行い、午後は東京観光の時

間にしている。大鰐に戻るのは夜22時になる。復路の車中は、特に活動は設けていない。充実感と心地よい疲れからバスが動き出すとすぐに寝息が聞こえてくる。

　後日、参加児童は、「お世話になった方へのお礼の手紙」を作成する（資料３）。手紙の作成は、子どもたちは、東京での体験をふりかえり、意味づけ、今後の自分の生き方を表明する機会となる。東京での物品販売体験の成果は、参加児童を通して大鰐の大人たちにも波及していく。帰宅後、参加児童は、「すごい人」からもらった名刺やお土産を手にしながら自分の見聞きしたことを保護者に話す。保護者は子どもたちの話を通して、自分たちの地元大鰐に対する評価や発言を振り返り、「なんて恥ずかしい話をしていたんだろう」と気づかされるという[18]。

(3)　学校教育における位置付けと経緯

　東京での物品販売体験には、大鰐小学校からは、２名の教職員が参加する。後日、参加児童による報告会が開催される。「OH!! 鰐元気隊キッズ」は、現在では町内の全５、６年生が全加入し、一連の活動は、学校の多大な協力のもとに成り立っている。こうした協働体制はどのようにつくられてきたのだろうか。

　平成20（2008）年夏、１学期の修了式を間近に控えた頃、「OH!! 鰐元気隊」のコアメンバーで大鰐小学校を訪れた[19]。校長、教頭、工藤良信教諭と会合を開いた。工藤教諭は、学校外での市民活動や交流に関心があり、「OH!! 鰐元気隊」のメンバーでもあった。当時、相馬さんはPTA役員をしており、校長、教頭とすでに信頼関係ができていた。学校側としても、ネガティブな言説が飛び交い、子どもたちが夢を語ることがなくなっていた状況に心を痛めていた。そうした状況を何とか変えたいと奔走する相馬さんたちの想いに学校として応えるべきだと考えたのだろう。会合の席で、２学期から５

第5章 コミュニティビジネスと「ふるさと学習」との連動

年生を「OH!!鰐元気隊キッズ」として活動を開始することが決定した。学校側の窓口と担当は、工藤教諭が担うことになった。

初年度は、準備期間として課外活動として、大鰐町の良いもの探しだし発表会を行った。翌平成21（2009）年度からは、6年生になった元気隊キッズに加えて新5年生も活動に加わった。5年生（55名）と6年生（52名）の全員が加入し、中心的な活動を町内清掃活動と野菜の生産と販売体験とする現在の取り組みが形作られていった。

学校現場には異動が避けられない。そこで、工藤教諭の異動前から後任として現在活躍している佐藤信孝教諭も一緒に活動をするようにした。学校統廃合が決定した平成27（2015）年度には、町内のほかの小学校に通う児童も対象とした。町内1校体制に移行した平成28（2016）年度からは、「OH!!鰐元気隊キッズ」は町内すべての小学校5、6年生が加入する。学校における「OH!!鰐元気隊キッズ」の活動は、総合学習の時間の一部としてキャリア教育として位置付けられている。

現在の校務分掌では、「渉外」部に「OH!!鰐元気隊キッズ関係」担当として佐藤教諭と教育支援員1名が配置されている。佐藤教諭は、教務主任と兼務である。現「OH!!鰐元気隊キッズ関係」担当の佐藤教諭は次のように話す。担当者の異動を繰り返してもなお活動が持続していくためには、意欲や関心の高いことを前提にした役割設定をせずに、「負荷」がかかりすぎないような配慮と工夫が必要だという[20]。

　　本校の特色として前面に出すようなことはしていません。長続きさせるためには、負荷がかかりすぎるとダメなんです。先生が変わったりすると動かなくなりますから。細く、長く無理なくできる程度の活動ということでやらせ

てもらってます。（学校内部に）やれる範囲で、ちょっと
ずつ関わる人が増えていけばいいなと。ずばっと関わる人
をつくるんじゃなくて。私は好きでやってますけど、時間
的余裕がないと難しいですよ。担任をもっていては無理だ
と思います。東京行く前とかは、事務作業とか見えないと
ころでやらなきゃいけないことが多いんです。

⑷　町の施策との関連と位置付け

　こうした地元住民による自発的な取り組みが、地域再生のモデ
ケールとして高い評価を得る中で、大鰐町の行政施策としてもオー
ソライズされていくことになった。『第5次大鰐町振興計画』（平成
25（2013）年4月）では、「まちづくりを進めていく上でキーワー
ド」として、「ふるさと再発見」、「美しく潤いのある風景づくり」、
「産業力強化のための6次産業化」、「地域エネルギーの再生・活
用」、「まちぐるみの支え合い」の5点を掲げている。策定会議委員
には、相馬さんも町民代表枠で参画している。

　特に、「ふるさと再発見」では、大鰐町の自然や歴史・文化は、
優れた蓄積があるにも関わらず、「必ずしも住民のみんなが知り、
十分に活用しているとは言い難い面」があるので、「今後は子ども
から大人まで、自分のふるさとをよく知り、誰もが誇りを持って人
に紹介でき、住民全てが町の案内人になれることを目指」すという。
主な取り組み例として、①学校教育におけるふるさと学習の強化、
②生涯学習における〝大鰐学〟の研究、③町民のための〝ふるさと
ツアー〟の企画実施、が挙げられている。

　大鰐町の教育行政は、『第5次大鰐町振興計画』の基本方針の一
つである「豊かな心と学びのまち創る」ために、「一人一人が学び、
郷土を愛する、心豊かなでたくましい人づくり」をめざす。平成28
（2016）年度『大鰐町の教育』では、「大鰐町では、県教育委員会、

144

第5章　コミュニティビジネスと「ふるさと学習」との連動

その他の関係機関・団体との連携を図りながら、町を育てる学力、町に生かせる学力を育てていきます」と明記されている。

　まちとしての施策の具体化はこれからであるものの、コミュニティビジネスとふるさと学習を連動させた地域再生にむけた取り組みは、町政にオーソライズされたことで、ますます持続的で活発な展開をみせていくであろう。

5　おわりに

　疲弊する地域を何とかしたいと立ち上がった「OH!!鰐元気隊」を母体として「プロジェクトおおわに事業協同組合」が設立された。「プロジェクトおおわに事業協同組合」は、地域間競争を生き抜く差別化戦略として「世界一のおもてなし」を掲げる。それは、指定管理する公営温泉施設「鰐come」の経営理念にとどまらず、大鰐町民全体へ向けた呼びかけであった。地域全体のホスピタリティを高めるためには、町民自らが自分たちの暮らす地域の良さを再発見し、自信をもって発信できるようになる必要がある。そうした理念のもとで、「OH!!鰐元気隊キッズ」を募り、小学校と協働してコミュニティビジネスと連動した「ふるさと学習」を展開してきた。

　町内の全5、6年生が加入する「OH!!鰐元気隊キッズ」の活動は、大鰐小学校の課外授業や総合学習の時間として取り組まれている。清掃活動と野菜づくり、そして東京での物品販売などの活動は、子どもと大人の協同の学びとして、地域に新たな価値や文化を生み出していく。物販商品の価値をいかに高めていくかという実学志向の学びは、地元大鰐の「強み」や「良さ」を見ようとする眼を養う。それは地域の価値の再発見であり、そこでの暮らしとそこで生きる自分自身の意味付けを編み直していくプロセスでもある。

　本事例を通して、改めて気付かされるのが、言葉の重要性であ

る。「OH!!鰐元気隊」の大人たちは、地域に蔓延しているネガティブな言説を徹底して排除する。私たち人間は、言葉によって世界と関係をもち、現実を創っていく[21]。現実は言葉によって創られるのである。だからこそ、「OH!!鰐元気隊」の大人たちは、子どもたちにポジティブな言説を浴びせ続ける。ここで重要なことは、そうした言葉で子どもと向きあう大人側の意識も変わってくることである。そして、子どもたちは、具体的に体感し、振り返り、言語化していくことで、そうした言葉を自分のものとしていく。子どもたちから語られる新たな地域像は、保護者を通して、学校を通して、地域にゆるやかに伝播していく。

　最後に、こうした実践を可能にした条件について検討する。第一に、「プロジェクトおおわに事業協同組合」の前史として相馬さんたちコアメンバーが果たしてきたこれまでの大鰐への貢献に裏打ちされた信頼関係である。地元の商工会青年部や農協青年部の活動などに熱心に取り組んできた彼らが、大鰐再生に「人生を賭けて」取り組むからこそ、熱意と気迫が人の心を惹きつけるのだろう。

　第二に、「プロジェクトおおわに事業協同組合」のコアメンバーが、町内外に多彩なネットワークを有していることである。地元企業との共同商品開発、「OH!!鰐元気隊キッズ」の活動、東京での物品販売後のパーティー、大鰐温泉もやしの後継者育成とブランド化のようなさまざまなまちづくり事業に対するコンサルタントや講師の招聘などを可能するためには、大鰐町内と町外双方に太い人脈を有している必要がある。それらは一朝一夕には築くことはできない。日常的に多様な領域、職種に関係を築き、維持する努力があってからこそ、いざというときに力を貸してくれるのである。

　第三に、地域の共有財としての「鰐come」の位置付けと活用方法である。「プロジェクトおおわに事業協同組合」では、当該施設

第5章　コミュニティビジネスと「ふるさと学習」との連動

だけでなく、「町全体が元気になるようにという願いから、このまちに生まれて良かった、住んで良かったと思えるようなまちづくりを行うため」に施設を運営している。コミュニティビジネスによる課題解決がうまくいくためには、「コモンズ＝共有の場」が必要と言われている[22]。コモンズとは、コミュニティのメンバーが集う場所であり、メンバーがアイデアや関心や情報を自発的にもちよるところであり、関心を同じくする問題解決の活動を共に行うことで発生する信頼と経験を共同資源として蓄積するところであり、各々のメンバーがその共同資源を利用してそれぞれに何らの具体的成果を得るところであるという。

　第四に、学校の組織的な協力を持続的に行うための仕組みと工夫である。大鰐小学校では、異動を見越して現担当者の在任期間中から後任候補者が共に活動を行っていた。担当者には、こうした活動への理解と関心、そして、多分にボランタリーな要素も求められる。大鰐小学校では、「OH‼鰐元気隊」の取り組みへの参画を一部教職員による私的活動として留めることなく、学校として組織的に対応していた。校務分掌として「OH‼鰐元気隊キッズ関係」を位置付け、担任をもたない比較的自由に動けるポジションを確保している。

　また、あえて「本校の特色」として前面に打ち出すようなことはせずに自重していたことにも注目したい。学校教育の範疇として「OH‼鰐元気隊キッズ」の活動を認識してもらうことが、担当者の心理的負荷を減らし、学校全体としても合意を得やすいのだという。継続していくことがまずは大事だ。続けていく中で、学校内部に賛同者が増え、やがていつの日か学校教育の範疇そのものが変わっていけばよいと佐藤教諭は考えていた。地域と学校の協働を進めていくためには、それに応え得る学校組織と学校文化を育てていく必要があるということだろう。

［参考文献等］

⑴ 日本でコミュニティビジネスが台頭しはじめたのは1990年代以降のことである（神原理編著『コミュニティ・ビジネス：新しい市民社会に向けた多角的分析』、白桃書房、2005年）。「住民主体の地域事業」であり、「地域コミュニティを元気にすることを目的とした地域密着のスモール・ビジネスのことであり、地域住民が主体的に地域コミュニティの問題に取り組み、自分たちがもっている経営資源を用いてビジネスの形態で実現していくこと」という細内信孝の定義がよく引用される。

⑵ 平成28年度国土交通大臣賞、平成25年度地域づくり総務大臣表彰、平成24年度オーライ！ニッポン大賞審査委員会会長賞、平成23年度あおもりコミュニティビジネス表彰青森県知事賞（最優秀賞）。総務省発行の月刊誌『総務省』2016年11月号（通号191号）では、特集記事で紹介している。『月刊　弘前』（2013年5月号（第406号））には詳細な現地レポートが掲載されており、本稿の執筆の際にも参考にした。

⑶ 失われたロープウェイ「ホワイトエンジェル」
http://www.8beat.com/ropeway/owani.htm（2017年1月30日確認）

⑷ 伯野卓彦『自治体クライシス』講談社、2009

⑸ 産経新聞（2015年11月29日）

⑹ 大鰐町商工会青年部長、青森県商工会青年部連合会会長などを歴任されている。1965年生まれ。県内外にも多彩なネットワークは、そうした中で培ったものだという。相馬さんは、萩原茂裕氏の「ふるさと教育」論に学校との連携のヒントを得たという。本稿では、学校現場においての使用頻度が高い「ふるさと学習」を用いる。

⑺ 「鰐come」ホームページ（運営団体について）http://www.wanicome.com/com/com.html（2017年1月10日確認）

⑻ 「あおもり絆カンパニー」2013年3月号、p. 19

⑼ 組合員は14名で、農家、小売業、ホテル経営、建設業、肥料生産など様々。理事長、副理事長、専務の3役は、3年間無報酬でスタートした。本業もある中でリスクと負担を背負うのは大変な決意だったという。

⑽ 日本社会教育学会シンポジウムでの相馬さんの発言（2016年9月16日）。

⑾ 弘南鉄道「弘前中央駅」から「大鰐駅」までの往復電車賃、入浴券、館内200円分の商品券、マッサージ10分延長券がついて1,000円（通常、往復切符代840円、入浴券500円）。弘南鉄道は、利用客が激減しており、地域の公

第5章　コミュニティビジネスと「ふるさと学習」との連動

　　共交通を維持するという観点からのコラボレーションでもある。

⑿　地ビール「津軽路ビール」は相馬さんが家業の酒屋として手がけたもの
　　で、大鰐温泉の高級旅館と連携して館内限定プレミアムビールとして提供
　　していた。現在では、首都圏の百貨店にも出店し、地ビールコンテストの
　　受賞歴もある。

⒀　大鰐温泉もやし生産者育成事業（2010年5月〜2012年3月）、鰐comeブラ
　　ンド創出事業（2010年7月〜2011年1月）、地域団体商標の出願申請（2011
　　年6月、翌年認定）、新・地域再生マネージャー事業（2012年4月〜2013年
　　3月）

⒁　前掲の日本社会教育学会シンポジウムでの配布資料

⒂　2016年度からは他にも1名、地域おこし協力隊を雇用した。鰐come内に
　　観光案内所を新設し、その対応を主たる業務とする。

⒃　相馬さんへのインタビュー（2016年12月5日）

⒄　相馬康穣「『田舎町再生』のお手本づくり目指して子どもと大人が連携し
　　て活動する」『AFCフォーラム』日本政策金融公庫、2015年4月号

⒅　参加児童の保護者から相馬さんにかかってきたお礼の電話

⒆　当時、町内の小学校は、4校であった。2016年度に大鰐小学校に統合される。

⒇　佐藤教諭へのインタビュー（2016年12月5日）

㉑　K.J. ガーゲン（永田素彦・深尾誠訳）『社会構成主義の理論と実践—関係
　　性が現実をつくる』ナカニシヤ出版、2004

㉒　本間正明・金子郁容・山内直人・大沢真知子・玄田有史『コミュニティ
　　ビジネスの時代—NPOが変える産業・社会、そして個人』岩波書店、2003

● 終 章 ●

「地域資源」としての学校と
「地域創造型教師」像

1 地域教育社会学研究からみた「地域に根ざす学校教育」の現代的課題

　高度成長期以降、同時期を通じた急激な社会変化と生活環境の変化に伴う「地域の教育力」の低下と、子どもの生活体験や自然体験の不足が問題視されてきた。

　たとえば、地域教育社会学者の矢野峻は、「教育を無意図的な最下の層にまで拡大して、人間形成作用として捉え」た場合、「家族や学校で行われる意図的教育の根底に、地域生活そのもののもつ人間形成的影響力を考えないわけにはいかない」として、「地域教育力」を「社会的諸規範」「生活体験」「地域諸集団」の3つの「層」または「次元」に捉え、このような「地域社会自体のもつ教育力」が、「人間形成作用としての教育力において不備不十分、あるいはほとんど無力化している」ことに「地域社会」の「教育的課題」（＝地域教育力の現代的課題）があるとして[1]、「社会規範の混乱や無力化、子どもの諸体験の貧困化ないし欠落、地域諸集団の教育的無力化、さらに家庭、学校の教育的役割分担の無政府状態の解明と、その理論的実践的解決方策の樹立」が「教育の地域社会的研究の課題」であるとした[2]。

　矢野のこうした課題提起に対し、「地域に根ざす学校教育」の立

場から「理論的実践的解決方策」を提起したのが松原治郎である。松原は、「発達期の青少年の教育は、彼らの全生活領域にまたがって組織化されなければならないし、その一貫としての学校教育もまた、そうした広がりへの見通しと、他の生活領域での教育との連携が図られ、青少年教育全体の一貫性が保たれていなかればならない」と述べ、こうした課題解決に向けた「地域に根ざす学校教教育」の立場からの「理論的実践的解決方策」として、およそ以下のようなものを提起している[3]。

① 学校教育課程における地域の教材化（郷土教育）

② 児童・生徒の日常生活体験の教材化（生活綴り方など）

③ 生活体験学習（家事・家業への参加、勤労体験学習、地域ボランティア活動など）

④ 地域社会の住民活動、学習活動との連携（地域の社会教育への参加、地域調査活動、学校教育への地域への開放など）

⑤ 学校施設の開放、"地域の学校"への方向

⑥ 住民主体の地域教育計画づくり（学校教育の計画づくりへの参加）

⑦ 住民の意思を学校教育に反映させる学校審議委員会の制度化

⑧ 学校教育を通しての地域人材の形成

これらのうち、①～⑦については教育基本法の改正（平成18（2006）年）や、『学習指導要領』の改訂に伴う「総合的な学習の時間」（平成12（2000）年）の導入、学校支援地域本部事業（平成20（2008）年）や学校評議員制度（平成12（2000）年）、学校運営協議会制度（コミュニティ・スクール）（平成16（2004）年）の導入といった形で順次解決が図られてきた。

　地域教育社会学における「地域に根ざす学校教育」をめぐる研究の蓄積を踏まえるならば、⑧「学校教育を通しての地域人材の形成」

終章　「地域資源」としての学校と「地域創造型教師」像

が最後の課題として残されているというのが現在の状況であろう（図1）。

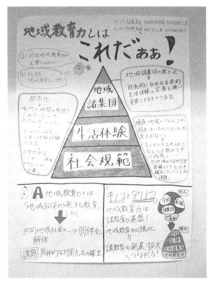

【図1】「地域に根ざす学校教育」の課題と解決方策[4]

2　「地域資源」としての学校と「地域創造型教師」像

(1)　「地域とともにある学校（づくり）」と地域人材形成

　繰り返し述べてきたように、「文字を教える、文字で教える、という教育方法を固有のあり方」としてもつ（「方法知」＜「内容知」）「地域の生活や労働から離れた特別の教育機関」としての学校は、もともと「地域の現実から遊離しがち」な存在であった（「地域志向性」＜「自己完結性」）。そしてそれが「中央に出ていく地方の人材を選抜する制度として（中略）機能したことで、学校は『地域を捨てる学力』をつけるという側面が強かった」[5]。学校には、地方

153

地域社会、とりわけ地方農山漁村からの「人口流出装置」として機能してきたという一面がある。

　一方、このような学校のあり方に関する反省に基づいて、文部科学省でも地域における学校のあり方や、学校・地域連携（協働）のあり方についての再検討が進められている。

　たとえば、平成23（2011）年３月、文部科学省の有識者会議「学校運営のあり方等に関する調査研究協力者会議」は『子どもの豊かな学びを創造し、地域の絆をつなぐ〜地域とともにある学校づくりの推進方策〜』（提言）を発表、学校を「学校の課題にとどまらない地域の課題を解決するための『協働の場』」「地域づくりの核」と位置付けて、「子どもを中心に据えた学校と地域の連携」による地域課題解決と「地域づくりの担い手」の育成、さらにはこうした地域における学校のあり方の実現（＝「地域とともにある学校（づくり）」）に向けた関係者の意識変容の必要性を訴えている[6]。

　ここでは、学校（公立学校）は「全国どこの地域」にでもあり、「優秀な教職員」も「配置され」た「地域社会を支えるインフラ」とまで言い切っている。また、「地域に根を張り、地域の礎となっている学校は、地域の教育力向上や学校を核とした地域ネットワークの形成といった形で、地域づくりに貢献することが可能」とも述べられている[7]。学校を地域課題解決と地域課題解決に向けた人材形成の場、そのための「地域資源」と捉え、そうした課題の達成に向けてこその学校・地域連携を求めた従来にない新たな観点である。

　同提言を引き継ぐ形で発表された『コミュニティ・スクールを核とした地域とともにある学校づくりの一層の推進に向けて〜全ての学校が地域とともにある学校へと発展し、子供を中心に据えて人々が参画・協働する社会を目指して〜』（「コミュニティ・スクールの推進等に関する調査研究協力者会議」（平成27（2015）年３月））では、

終章　「地域資源」としての学校と「地域創造型教師」像

　　○社会総掛かりでの教育の実現
　　○地域とともにある学校づくりの一層の推進
　　○学校を核とした地域づくりの推進
を「今後の目指すべき基本的方向性」の三本柱に、学校を「地域社
会の将来を担う人材を育てる中核的な場所」と位置付けて[8]、学
校・地域連携の目的・意義についておよそ次のように述べている。

　　学校は、「『子どもの学び場』にととまらず、『大人の学び場』
　であり『地域づくりの核』」である。「学校を核として、地域に
　愛着と誇りを持ち、志を持って地域を担う人材の育成を図ると
　ともに、子供との関わりの中で、大人の学びのコミュニティを
　創り、地域づくりを果たしてい」く必要がある。
　　「大人の学び」は「子供の豊かな成長につなが」っていく。「学
　校を核とした協働の取組を通じて、地域の人々のつながり」は
　深められ、「コミュニティの形成・活性化」も図られる。学校
　は、こうした「学校を核とした地域づくり」を通じて「人づく
　りと地域づくりの好循環を生み出」し、「地域の絆をつなぎ地
　域の未来をつな」いでいかなければならない[9]。

　また、同提言では「一方的に、地域が学校・子供たちを応援・支
援するという関係ではなく、（中略）総合的な学習の時間や、放課
後・土曜日等の教育活動等を通じて地域に出向き、地域で学ぶ、あ
るいは、地域課題の解決に向けて学校・子供たちが積極的に貢献す
るなど、学校と地域の双方向の関係づくりが期待される」とも述べ
ている[10]。
　やはり学校を地域課題解決と地域人材形成の場、そのための「地
域資源」ととらえ、そうした課題の達成に向けてこその学校・地域

155

連携（＝「地域とともにある学校（づくり）」、「学校を核とした地域づくり」）の必要性を訴えている。

⑵　「地方創生」と「地域とともにある学校」

　文部科学省におけるこのような学校のあり方に関する再検討を後押しするのが「地方（域）創生」という同時代的状況である。平成26（2014）年12月、「まち・ひと・しごと創生本部」の設置（平成26（2014）年9月）と「まち・ひと・しごと創生法」の交付・施行（同11月）を受けて、「まち・ひと・しごと創生長期ビジョン」とこれを実現するための5カ年計画「まち・ひと・しごと創生総合戦略」がとりまとめられた（平成26（2014）年12月27日閣議決定）。

　ここでは、「学校を核として、学校と地域が連携・協働した取組や地域資源を生かした教育活動を進めるとともに、郷土の歴史や人物等を採り上げた地域教材を用い地域を理解し愛着を深める教育により、地域に誇りを持つ人材の育成を推進し、地域力の強化につなげていく」こと、「学校を核として、学校と地域が連携・協働した取組や地域資源を生かした教育活動を進めることにより、全ての小・中学校区に学校と地域が連携・協働する体制を構築するとともに、地域を担う人材の育成につながるキャリア教育や、地域に誇りを持つ教育を推進する」ことの必要性が述べられている（「まち・ひと・しごと創生総合戦略」pp. 37-38）（図2）。

終章　「地域資源」としての学校と「地域創造型教師」像

まち・ひと・しごと創生総合戦略（平成26年12月27日閣議決定）（抄）

２．政策パッケージ
⑵地方への新しいひとの流れをつくる
　㋺地方大学等の活性化
【施策の概要】
（前略）
さらに学校を核として、学校と地域が連携・協働した取組や地域資源を生かした教育活動を進めるとともに、郷土の歴史や人物等を採り上げた地域教材を用い地域を理解し愛着を深める教育により、地域に誇りを持つ人材の育成を推進し、地域力の強化につなげていく。
（中略）こうした観点から、国が2020年までに達成すべき重要業績評価指標（KPI）を以下のとおり設定する。
■全ての小・中学校区に学校と地域が連携・協働する体制を構築する

【主な施策】
◎⑵-㋺「地方大学等創生５か年戦略」（以下の３つのプランを推進する。）
②地元学生定着促進プラン（地方大学等への進学、地元企業への就職や、都市部の大学等から地方企業への就職を促進するための具体的な措置、学校を核とした地域活性化及び地域に誇りを持つ教育の推進）
（前略）
また、学校を核として、学校と地域が連携・協働した取組や地域資源を生かした教育活動を進めることにより、全ての小・中学校区に学校と地域が連携・協働する体制を構築するとともに、地域を担う人材の育成につながるキャリア教育や、地域に誇りを持つ教育を推進する。

【図２】　「まち・ひと・しごと創生総合戦略」（学校を核とした地域づくり関連)[(11)]

　また、平成27（2015）年12月21日には中央教育審議会が答申「新しい時代の教育や地方創生の実現に向けた学校と地域の連携・協働の在り方と今後の推進方策について」を手交、ここでは「新しい時代の教育や地方創生の実現に向けた学校と地域の連携・協働の在り方」について次のように述べている[(12)]。

　「教育は、地域社会を動かしていくエンジン」。学校は「子供たちの豊かな学びと成長を保障する場」のみならず、「地域コミュニティの拠点として、地域の将来の担い手となる人材を育成する場」である。
　「地域の未来を担う子供たちの成長は、その地域に住む人々の希望」。「ふるさとに根付く子供たちを育て、地域の振興・創

生につなげ」ていかなければならない。

　「地域住民等と目標やビジョンを共有し、地域と一体となって子供たちを育む『地域とともにある学校』」を目指す必要がある。「学校を核とした協働の取組を通じて、地域の将来を担う人材を育成し、自立した地域社会の基盤の構築を図る『学校を核とした地域づくり』」を推進する必要がある。

　すでに答申標題に見るように、求められているのは「新しい時代の教育や地方創生の実現に向け」てこその「学校と地域の連携・協働」である。

　次期学指導要領改訂に向けた教育課程の理念は「社会に開かれた教育課程」であるが（図3）、従来の学校教育（教育課程）は「社会や世界の状況を幅広く視野に入れ」たものでもなければ、「よりよい社会を創る」ための「よりよい学校教育」という視点もなかった。「これからの社会を創り出していく子供たち」という視点もなかった。学校教育は「学校内に閉じ」ていた。すなわちそれは、学校教育のための学校教育であったとの「論点整理」における従来の学校のあり方に対する（自己）批判は痛烈である（教育課程企画部会（平成27（2015）年8月26日）「教育課程企画特別部会における論点整理について（報告）」）。

終章 「地域資源」としての学校と「地域創造型教師」像

これからの教育課程の理念
〈社会に開かれた教育課程〉 ① 社会や世界の状況を幅広く視野に入れ、よりよい学校教育を通じて 　よりよい社会を創るという目標を持ち、教育課程を介してその目標を 　社会と共有していくこと。 ② これからの社会を創り出していく子供たちが、社会や世界に向き合 　い関わり合い、自分の人生を切り拓いていくために求められる資質・ 　能力とは何かを、教育課程において明確化し育んでいくこと。 ③ 教育課程の実施に当たって、地域の人的・物的資源を活用したり、 　放課後や土曜日等を活用した社会教育との連携を図ったりし、学校教 　育を学校内に閉じずに、その目指すところを社会と共有・連携しなが 　ら実現させること。

【図3】 これからの教育課程の理念「社会に開かれた教育課程」[13]

(3) 地域資源としての学校と「地域創造型教師」像

　以上見てきたように、今、学校に求められているのは、地域課題解決と地域課題解決に向けた地域人材形成、そしてそうした課題の達成に向けてこその学校・地域の連携・協働（＝「地域とともにある学校（づくり）」「学校を核とした地域づくり」）である。そこで求められている教師とは、地域課題解決に向け、「当事者意識」をもち「熟議」と「協働」を重ねていくことのできる人材である。

　およそ180度と言っても過言ではないほどの、学校・教師の「地域に根ざした」あり方に関する認識の転換が必要である。こうした状況にあって本書の主張とは、教師の新たな「地域に根ざした」あり方こそが、地域を学校資源と考えるのではなく学校をこそ地域資源と位置付けて、地域課題解決に向け教師として学校の中から貢献していく「地域創造型教師」であるということに他ならない。

159

3 「地域創造型教師」養成に向けた検討課題

　平成28（2016）年1月、すでに述べた「新しい時代の教育や地方創生の実現に向けた学校と地域の連携・協働の在り方と今後の推進方策について」を含む3件の中央教育審議会答申の「内容の具体化を強力に推進するべく」「『次世代の学校・地域』創生プラン〜学校と地域の一体改革による地域創生〜」が発表された（平成28（2016）年1月25日）。

　発表当時の文部科学大臣の名前から通称「馳プラン」と呼ばれるこのプランは、「一億総活躍社会の実現と地方創生の推進のため、学校と地域が一体となって地域創生に取り組めるよう」策定されたものである。その実現のためには学校・地域をつなぐ「しくみ」（「コミュニティ・スクール」や「地域学校協働本部」）や首長部局との

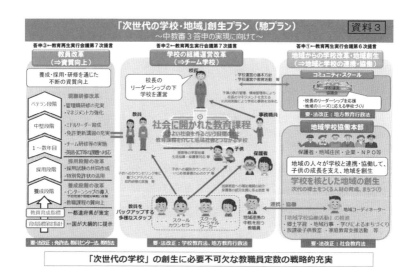

【図4】「次世代の学校・地域」創生プラン（馳プラン）〜中教審3答申の実現に向けて〜」[14]

終章 「地域資源」としての学校と「地域創造型教師」像

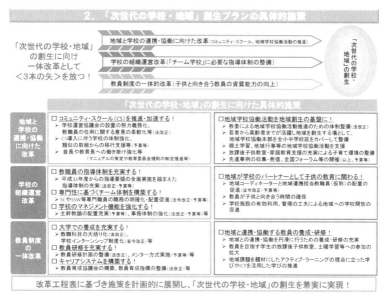

【図5】 「次世代の学校・地域」創生プランの具体的施策[15]

協働、校長のリーダーシップのもとでの学校内における協働体制の構築(「チーム学校」)、志をもち地域連携の中核を担う教職員(地域連携担当教職員(仮称))やプロジェクト・マネージャー、コーディネーターの存在の必要性等、その主張は本書の成果とも一致する(図4、図5)。

「地域連携の中核を担う」「地域連携担当教職員(仮称)」についてはとりわけ「社会に開かれた教育課程」の実現や「地域課題解決型学習の推進」に向け、教員養成課程と現職教員研修双方の充実を通じたその養成の必要性にも触れられているが、一方ではそこでどのような資質や能力、力量が必要とされ、それらを養うためにはどのようなプロセスやプログラムが必要とされるのかといった事柄についての検討は、まだなされているわけではない。「持続可能な地域づくり」に向け、教師として学校の中から貢献していく人材(=

161

地域創造型教師）の育成プログラム作成を急ぐ必要がある⁽¹⁶⁾。

大田堯は自らが取り組んだ「本郷地域教育計画」について、「砂上の楼閣」であったと述懐した。その理由についても学校・教師・地域住民といった学校内外における同計画の実践主体に課題意識が共有される一方で、その実践や継続性に対する制度的な保障や枠組みが得られなかったからであると述べている。だが本章に述べてきたように、現代ではそうした課題も解決されつつある。問われているのは持続可能な地域づくり、地域課題解決に向けた学校・教師の危機感、「当事者意識」なのである。

[参考文献等]
⑴　矢野峻『地域教育社会学序説』東洋館、p. 139、1981
⑵　矢野峻「現代教育と地域社会」矢野・岩永編『現代社会における地域と教育』東洋館、p. 27、1981
⑶　松原治郎・鐘ヶ江晴彦『地域と教育』（教育学大全集９）第一法規、p. 58、1981
⑷　左図は前掲⑴を講読し、授業中に学生が作成した「地域の教育力の三層構造」の図
⑸　太田政男「地域づくりと学校づくり」長澤成次編『社会教育』（教師教育テキストシリーズ６）学文社、p. 80、2010
　　佐藤春雄『学校を変える　地域が変わる―相互参画による学校・家庭・地域連携の進め方―』教育出版、pp. 4-5、2002
⑹　学校運営の改善の在り方等に関する調査研究協力者会議『子どもの豊かな学びを創造し、地域の絆をつなぐ〜地域とともにある学校づくりの推進方策〜』、p. 9、2011年７月
⑺　前掲⑹、p. 9
⑻　コミュニティ・スクールの推進等に関する調査研究協力者会議『コミュニティ・スクールを核とした地域とともにある学校づくりの一層の推進に向けて〜全ての学校が地域とともにある学校へと発展し、子供を中心に据えて人々が参画・協働する社会を目指して〜』、p. 11、2015

終章　「地域資源」としての学校と「地域創造型教師」像

⑼　前掲⑻、p. 14

⑽　前掲⑻、p. 14

⑾　文部科学省作成資料（http://www.mext.go.jp/b_menu/shingi/chousa/shotou/103/shiryo/__icsFiles/afieldfile/2015/02/03/1354763_4.pdf）より転載（平成29（2017）年1月28日確認）

⑿　中央教育審議会『新しい時代の教育や地方創生の実現に向けた学校と地域の連携・協働の在り方と今後の推進方策について（答申）』2015

⒀　文部科学省「次期学習指導要領等に向けたこれまでの審議のまとめについて（報告）補足資料⑴」平成28（2016）年8月26日教育課程部会（http://www.mext.go.jp/component/b_menu/shingi/toushin/__icsFiles/afieldfile/2016/09/09/1377021_4_1.pdf）より転載

⒁　文部科学省「「次世代の学校・地域」創生プラン〜学校と地域の一体改革による地域創生〜」（資料3）（平成28（2016）年1月25日）（http://www.mext.go.jp/b_menu/houdou/28/01/__icsFiles/afieldfile/2016/01/26/1366426_3.pdf）より転載

⒂　文部科学省「「次世代の学校・地域」創生プラン〜学校と地域の一体改革による地域創生〜」（資料2）（平成28（2016）年1月25日）（http://www.mext.go.jp/b_menu/houdou/28/01/__icsFiles/afieldfile/2016/01/26/1366426_2.pdf）より転載

⒃　宮前耕史・添田祥史「「地域創造型」教師養成に向けたプログラム改善—「うらほろスタイル推進地域協議会」と連携した釧路校地域教育開発専攻地域教育分野の取り組み—」『北海道教育大学紀要（教育科学編）』第65巻第2号、2015

163

《執筆者一覧》

宮前耕史（みやまえ・やすふみ）【序章、第1章、第2章、終章】

北海道教育大学釧路校准教授。日本民俗学。筑波大学大学院博士課程歴史・人類学研究科単位取得退学。修士（学術）。

主な著書・論文：『3.11を契機に子どもの教育を問う─理科教育・公害教育・環境教育・ESDから─』（共著、創風社、2013年）、相庭和彦・渡邊洋子編著『日中韓の生涯学習─伝統文化の効用と歴史認識の共有』（共著、明石書店、2013年）、『成長と人生』（講座日本の民俗8）（共著、吉川弘文館、2009年）など。

平岡俊一（ひらおか・しゅんいち）【第3章】

北海道教育大学釧路校准教授。環境ガバナンス論。立命館大学大学院社会学研究科博士課程後期課程修了。博士（社会学）。

主な著書・論文：『地域資源を活かす温暖化対策─自立する地域をめざして』（共著、学芸出版社、2011年）、「地域再生可能エネルギー事業における中間支援組織の活動と機能」（単著、『環境情報科学学術研究論文集』30、2016年）など。

安井智恵（やすい・ともえ）【第4章】

岐阜女子大学大学院文化創造学研究科准教授。学校経営学、教育行政学。筑波大学大学院教育研究科修了。修士（教育学）。岐阜市立岐阜小学校学校運営協議会委員。

主な著書・論文：「学校統廃合の円滑な実施に対するコミュニティ・スクール制度導入の成果─伝統校統合の事例から─」（単著、『岐阜女子大学紀要』第45号、2016年）、「学校が評価され、選択される時代の『学校力』」（単著、『学校経営研究』第32号、2007年）など。

添田祥史（そえだ・よしふみ）【第5章】

福岡大学人文学部准教授。社会教育学。九州大学大学院人間環境学府単位取得満期退学。修士（教育学）。

主な著書・論文：「社会教育研究における実践の理論化とフィールドワーク─「解釈」から「翻訳」へ─」日本社会教育学会編『社会教育研究における方法論』（単著、『日本の社会教育』第60集、東洋館出版、2016年）、辻浩・片岡了編著『自治の力を育む社会教育計画─人が育ち、地域が変わるために』（共著、国土社、2014年）など。

持続可能な地域づくりと学校
―地域創造型教師のために―

平成29年11月30日　第1刷発行
令和3年5月1日　第2刷発行

編　著　　宮前耕史・平岡俊一・安井智恵・添田祥史

発　行　　株式会社ぎょうせい

〒136-8575　東京都江東区新木場1-18-11
URL：https://gyosei.jp

フリーコール　0120-953-431
ぎょうせい　お問い合わせ　検索　https://gyosei.jp/inquiry/

〈検印省略〉

※乱丁、落丁本は、お取り替えいたします。　　　　　©2017 Printed in Japan
印刷　ぎょうせいデジタル㈱
ISBN 978-4-324-10286-2
(5108323-00-000)
〔略号：持続可能学校〕

平成29年改訂
中学校教育課程実践講座
全13巻

☑ **豊富な先行授業事例・指導案**
☑ **Q&Aで知りたい疑問を即解決!**
☑ **信頼と充実の執筆陣**

⇒**学校現場の ? に即アプローチ!**
明日からの授業づくりに直結!!

A5判・本文2色刷り・各巻220～240頁程度
セット定価 **25,740**円（税込） 各巻定価 **1,980**円（税込）
セット送料サービス　　　　　　　　各巻送料310円

巻構成　編者一覧

● **総 則** 天笠　茂（千葉大学特任教授）
● **国 語** 髙木展郎（横浜国立大学名誉教授）
● **社 会** 工藤文三（大阪体育大学教授）
● **数 学** 永田潤一郎（文教大学准教授）
● **理 科** 小林辰至（上越教育大学大学院教授）
● **音 楽** 宮下俊也（奈良教育大学教授・副学長・理事）
● **美 術** 永関和雄（武蔵野美術大学非常勤講師）
　　　　　安藤聖子（明星大学非常勤講師）
● **保健体育** 今関豊一（日本体育大学大学院教授）

● **技術・家庭**
　〈技術分野〉古川　稔（福岡教育大学特命教授）
　〈家庭分野〉杉山久仁子（横浜国立大学教授）
● **外 国 語** 菅　正隆（大阪樟蔭女子大学教授）
● **特別の教科 道徳** 押谷由夫（武庫川女子大学教授）
● **総合的な学習の時間** 田村　学（國學院大學教授）
● **特別活動** 城戸　茂（愛媛大学教授）
　　　　　島田光美（日本体育大学非常勤講師）
　　　　　美谷島正義（東京女子体育大学教授）
　　　　　三好仁司（日本体育大学教授）

株式会社 ぎょうせい
フリーコール
TEL：0120-953-431［平日9～17時］ **FAX：0120-953-495**
〒136-8575 東京都江東区新木場1-18-11　**https://shop.gyosei.jp**　ぎょうせいオンライン　検索